REINVENTE SU RELACIÓN

REINVENTE SU
RELACIÓN

*Perspectivas de una terapeuta para tener
la relación que has querido siempre*

Ana Aluisy
M.A., LMHC, LMFT

REINVENTE SU RELACIÓN

Perspectivas de una terapeuta para tener la relación que has querido siempre

© 2017 Ana Aluisy, LMHC, LMFT

http://anaaluisy.com/

Publicado en Tampa, Florida por Shake Press. Shake Press es una marca registrada de Shake Creative, LLC. http://shaketampa.com/

ISBN Libro de Bolsillo 978-0-9905832-5-7
ISBN Libro Electrónico 978-0-9905832-6-4

Diseño de portada por:
Gabriel Aluisy
Diseño Interior por:
Justine Parks

Para Lucas y Marco

TABLA DE CONTENIDOS

AGRADECIMIENTOS

Este libro no podría haber sido escrito sin el apoyo y la orientación de mi familia, amigos y compañeros de trabajo que me animaron y me apoyaron en todo. Quiero agradecerle a mi increíble esposo Gabriel por su orientación y apoyo mientras escribía este libro. Gracias por empujarme e inspirarme todos los días. Mi madre, Zaida, por enseñarme los valores que me dan forma hoy y estar ahí para mí cuando la necesito. Mi padre, Luis, por expresar su apoyo y darme aliento. Mis hermanos, Lili, Coco y Mico, por su estímulo incondicional y ser mis cómplices desde la infancia. Mis profesores universitarios, Dr. Tennyson Wright, el Dr. Ryan Henry, y el Dr. Gary Dudell, que creyeron en mí cuando yo no sabía cómo y ayudaron a formar a la profesional que soy hoy en día.

INTRODUCCIÓN

Marcos y Gina se sientan en el sofá, acurrucados. Marcos busca una película en Netflix, mientras Gina con su teléfono, busca comida para ordenar. Es un momento agradable para compartir juntos en casa,una tarde rara, relajada y tranquila en sus vidas normalmente ocupadas y bulliciosas. Relajados, hasta que la pregunta se materializa…

Gina: Entonces, ¿qué es lo que quieres pedir para cenar?
Marcos: No me importa mi amor. Lo que tú quieras.
Gina: Está bien, en ese caso vamos a pedir comida china.
Marcos: ¡Uf! Cualquier cosa menos comida china.
Gina: Bueno, entonces deberías HABER DICHO 'lo que quieras, excepto comida china. (Gina se sienta, alejándose de Marcos, claramente irritada. Marcos suspira--un poco fuerte, y Gina definitivamente nota esto, el lenguaje corporal de la pareja cambia, se vuelve a la defensiva. El ambiente se oscurece. La tensión en la sala crece.)
Marcos: Lo siento, es sólo que tuve comida china

para el almuerzo en la oficina.

Gina: Bueno, no puedes esperar que lo adivine. ¿Qué te parece el nuevo sitio de comida Italiana?

Marcos: Claro, lo que sea. ¿Qué te apetece ver? Oooh, acaban de agregar *Salvar al Soldado Ryan*.

Gina: ¿Qué te pasa? Esa película es un baño de sangre, ¡yo no quiero ver eso mientras estoy comiendo!

Marcos: Qué dices, ¡es una película clásica! Es prácticamente una obra de arte. No es como que quiero ver Rambo. —Gina puso los ojos en blanco— Oye, ¡no me ruedes los ojos así! Por Dios, SIEMPRE haces esto".

Gina: ¿Hacer qué? No tienes ni idea de lo que es apropiado. Querías ver una película de matanza en nuestra luna de miel, ¡por el amor de dios!"

Marcos: ¿Es que nunca vas a dejar eso atrás? ¡Eso fue hace años, ya olvídalo!

Gina: ¡No me digas cómo sentirme!

¿Esta escena parece familiar? Los argumentos en las relaciones son comunes, pero muchas veces nuestras ideas, opiniones y deseos pueden ser mal interpretados. El diálogo previo entre Marcos y Gina va más allá de la comida y el cine. Ambos quieren pasar tiempo juntos, pero su limitada comunicación, la falta de validación, y las decepciones del pasado, interfieren en su deseo de disfrutar de tiempo juntos.

Si usted es un adulto en una relación y está interesado en la reparación o simplemente en mejorar su relación, recoger este libro puede ser el primer paso hacia un futuro mejor. Como una adulta en una relación amorosa, así como terapeuta de parejas, sé que muchas veces necesitamos ayuda cuando se trata de resolver las dificultades y desacuerdos en nuestras relaciones.

Las relaciones suelen parecer fáciles al principio. Esta etapa de una relación dura sólo el tiempo necesario para conocer a una pareja y obtener más información acerca de sus valores, rituales y prioridades. Es posible que esta persona sea tan especial que usted está dispuesto a adaptarse a sus formas, o puede crecer una molestia o frustración, que incluso le haga cuestionar los sentimientos que pueda tener hacia ellos. De cualquier manera, todas las relaciones tienen problemas. Es una parte normal de la vida tener diferencias que pueden dar lugar a conflictos. Es nuestra capacidad para hacer frente a estos conflictos o diferencias la que nos ayudará a tener éxito (o fracaso) en nuestra relación.

Las diferencias nos hacen únicos, ya que todos somos individuos distintos que venimos de diferentes casas, familias, y en ocasiones culturas. Muchas veces, estas diferencias parecen atractivas y seductoras. Sin embargo, con el tiempo se convierten en una fuente de conflicto. Cada uno de nosotros aprende a relacionarse con los demás en el contexto de nuestra familia o el entorno, y muchas veces lo que hemos aprendido en el pasado es lo que empezamos a esperar de nosotros mismos y de los demás.

Una sola persona no sabe todo lo que hay que saber acerca de tener una relación o hacerle frente a los conflictos, pero como una profesional puedo ofrecerle un tangible y útil asesoramiento, así como enseñarle técnicas y habilidades probadas que han ayudado a mis clientes a mejorar o reparar sus relaciones. La información contenida en este libro es una combinación de teorías y técnicas que he aprendido a través de la escuela, la educación continua, la práctica de estas teorías, estudios científicos, y los resultados que he visto en mi trabajo con clientes, así como la aplicación en mi vida personal. Voy a discutir el por qué nos quedamos atascados en los mismos problemas, la naturaleza del cambio, el perdón, la comunicación, las expectativas, el amor, la amistad, la confianza, los obstáculos que se podrían enfrentar a medida que trabaja en su relación, y mucho más. Este libro podría ayudarle al aumentar su comprensión acerca de sus dificultades, y enseñarle nuevas formas de relacionarse con la persona que ama.

Antes de continuar, quiero señalar que si está en una relación abusiva, ya sea física o emocional, este libro no es para usted. Las teorías y las técnicas de este libro podrían dar lugar a que esté en una situación de vulnerabilidad que pueda ponerlo en riesgo. Si está en una relación abusiva, por favor, por favor, considere hablar con alguien acerca de su situación. Hay ayuda disponible, puede comenzar llamando a la Línea Nacional de Violencia Doméstica al 1 (800) 799 - 7233, o ir a su sitio web en www.thehotline.org. Tenga en cuenta que su uso del teléfono e internet puede ser monitoreado por su pareja. Puede ser un proceso largo y difícil el dejar una relación abusiva, pero nunca es demasiado tarde.

Las historias y diálogos de este libro están inspirados en personas reales; sus nombres, géneros, y las circunstancias han sido cambiados para proteger su identidad, pero las situaciones son ciertas. Si conoce a alguien cuyas circunstancias son similares a lo que describo, es una mera coincidencia. Tenga en cuenta que las cuestiones que discutiré en el resto de este libro son bastante comunes. Espero que le guste, aprenda y reflexione sobre el contenido de este libro, pero aún más que pueda utilizar algunos de estos conceptos y sugerencias, y aplicarlos en su vida. Si usted y su pareja están dispuestos, puede reinventar su relación.

Capítulo 1
EL AMOR & EL APEGO

Empiezo este libro con los conceptos de amor y apego, ya que aquí es donde suelen empezar las relaciones. Sin amor, muchas de las dificultades y desafíos que enfrentamos en la vida de pareja rápidamente erosionarán la relación. Más aún, a menudo encuentro confusiones sobre el amor cuando trabajo con individuos en relaciones a largo plazo. Mis clientes me dicen cosas como: "No estoy enamorado de él/ella", "No sé si amo a mi pareja de la misma manera", "No tengo la misma pasión por mi pareja". Es posible que usted piense algunas de estas mismas cosas, porque tenemos una idea de amor que está muy influenciada por la cultura dominante: publicidad, películas, novelas, programas de televisión, poemas, canciones, etc. Desafortunadamente, estas influencias crean una expectativa poco realista sobre los sentimientos, deseos y necesidades en las relaciones.

Si usted está en una relación a largo plazo y ha notado que el amor que siente por su pareja es diferente de cuando se unieron por primera vez, estás experimentando algo absolutamente normal que viene con los cambios que se encuentran a medida que una relación envejece y evoluciona. Antropólogos e investigadores han identificado tres etapas del amor en los seres humanos (Fisher 1998, 2005): Lujuria, atracción y apego. Se cree que el amor evoluciona para el apareamiento y los propósitos reproductivos, que nos permite vivir en relaciones a largo plazo a medida que envejecemos. Piense en esto: a medida que nuestro cuerpo envejece, incluso con la ayuda de medicamentos para la disfunción eréctil, suplementos de estrógeno, terapia de testosterona y reemplazos de cadera, el sexo no es eterno. Examinemos estas etapas y sus características más de cerca.

La lujuria se caracteriza principalmente por el anhelo de la gratificación sexual. Piense en cuando empezó a salir con su pareja, incluso un beso podía disparar intensos sentimientos y deseos sexuales. Es probable que haya experimentado estos mismos sentimientos con otras personas en el pasado, incluso si no entró en relaciones a largo plazo con ellos. Los individuos experimentamos este deseo de gratificación sexual sin la necesidad de hacer una selección específica de un compañero, cualquiera persona a la que nos sintamos atraídos podría provocarlo. Muchas veces, el impulso para buscar esta gratificación sexual es responsable de infidelidades, confusiones sobre el amor, el compromiso y, lo que es más importante, la infelicidad y la duda propia.

Esta etapa del amor es temporal, y a menudo no dura mucho tiempo. Puede ir y venir en su relación, pero es injusto para usted y su pareja esperar que esta etapa sea permanente. He visto muchas dudas y preguntas de individuos que buscan mantener esta etapa o que piensan que solo este sentimiento es el amor. Por lo general, terminan moviéndose de una relación a la siguiente esperando que puedan mantener este sentimiento, terminando inevitablemente la relación una vez que la lujuria termine - que podría variar de 6 meses a 3 años dependiendo del individuo.

La atracción se caracteriza por el aumento de la energía y la atención enfocada en uno o más compañeros potenciales, acompañada por sentimientos de alegría, pensamientos intrusos (obsesivos) y el anhelo de unión emocional con este compañero o pareja potencial. Cuando está locamente enamorado de alguien, la persona se convierte en el centro de su mundo, y toma un significado especial en su vida.

La etapa de atracción le ayuda a ser más selectivo que la lujuria anterior, ya que puede ser influenciada por las experiencias de la infancia, las fuerzas culturales y la elección individual. Esta atracción le lleva a visualizarse a sí mismo con su pareja en el futuro, y se puede preguntar "¿Tenemos los mismos valores u objetivos en la vida?" o "¿Somos un buen partido para una vida juntos?" Esta etapa le ayuda a decidir si esta persona será un buen padre o madre para los futuros hijos, o un compañero de vida si los niños no están en su futuro.

El apego se caracteriza por el mantenimiento de una relación, acompañado de sentimientos de calma, seguridad, comodidad y unión emocional con un compañero. El amor evoluciona de la lujuria a la atracción, y más tarde al apego para ayudarle a enfocar y concentrar su atención en un solo compañero y tolerarlo al menos el tiempo suficiente para pasar los años de crianza de los hijos. Este apego es lo que la mayoría de la gente desea cuando piensa en una relación a largo plazo. Sentirse seguro en la relación es la motivación.

El amor es una compleja experiencia de emoción cuando las cosas van bien, pero también de tristeza y dolor cuando las cosas se desmoronan. Por lo tanto, el amor puede traer gran alegría o gran dolor a su vida. Si experimenta un momento difícil en su relación, podría identificarse con el dolor que las relaciones pueden causar. Sin embargo, su deseo y motivación para trabajar en esta relación probablemente se basa en la felicidad y la alegría que una vez experimentó. Algunos investigadores creen que el amor no es una emoción (Fisher 2006), sino un poderoso sistema cerebral que impulsa y motiva a las personas a actuar. Piense en lo que el amor lo ha motivado a hacer en el pasado y tal vez en el presente. Ya sea en momentos de alegría o tristeza, está claro que el amor puede tener un gran impacto en sus motivaciones e influir en sus acciones. Más aún, los estudios demuestran que el enamoramiento afecta a las áreas intelectuales del cerebro y provoca la misma sensación de euforia que experimentan las personas cuando consumen cocaína (Ortigue, Bianchi-Demicheli, Patel, Frum & Lewis 2010). Usted puede estar pensando que este estudio ayuda a explicar algunas de las malas elecciones de su pasado.

¿EL AMOR ES SUFICIENTE?

Desafortunadamente, el amor no es suficiente para mantener una relación. El amor puede motivar acciones o motivarnos a trabajar en una relación, pero para mantener una relación se requiere de dos individuos motivados. ¿Alguna vez ha terminado una relación a pesar de que amó a esa persona? ¿Ha estado en una relación con alguien que dijo que él o ella lo amaba, pero sus acciones mostraron algo diferente? ¿Lo ha herido repetidamente la persona que le dice que lo ama? ¿Alguna vez ha amado a alguien que no sentía lo mismo por usted? Estos son todos casos donde el amor no era suficiente.

El compromiso -definido como una orientación a largo plazo hacia una relación, incluyendo la intención de persistir y los sentimientos de apego psicológico (Wieselquist et al., 1999) - es un factor importante en la creación de relaciones duraderas a largo plazo. Sin compromiso, es más fácil pasar a encontrar a la siguiente "mejor" pareja para usted. De hecho, estudios científicos confirman que los seres humanos son neurológicamente capaces de amar a más de una persona a la vez (Fisher 2005). Por lo tanto, un fuerte sentido de compromiso es necesario en las relaciones a largo plazo. Esto ayuda a evitar las distracciones y los impulsos a actuar en los sentimientos de lujuria y la atracción hacia otros aparte de su pareja en su relación a largo plazo.

Otros factores que se han identificado con el fin de asegurar relaciones a largo plazo son la cooperación, la confianza y la lealtad (Beck 1989), y vamos a examinar cada uno de estos más en detalle a lo largo de este libro.

PATRONES DE APEGO

En mi trabajo con parejas, he aprendido que en las relaciones los mismos problemas surgen una y otra vez, y muchos permanecen atascados en el mismo problema. Estos problemas pueden desarrollarse en situaciones muy diferentes que pueden parecer no relacionadas para el ojo inexperto, pero están arraigadas por la necesidad de sentir el amor en forma de apego a una persona cercana en nuestras vidas. Cualquier cosa puede iniciar un argumento: una mirada, una acción inocente o falta de acción, comentarios o influencia de otras personas, cómo se maneja una situación, y mucho más. Consciente o inconscientemente, cuando señalamos que nuestro compañero está haciendo o no haciendo algo, estamos buscando una respuesta--algo para hacernos saber que él o ella se preocupa, que nos ama, que somos una prioridad en su vida, pero muchas veces la respuesta puede ser decepcionante. Todos queremos ser especiales para otra persona, sentirnos importantes, ser deseados, y finalmente ser amados y sentirnos seguros. Estas necesidades pueden llevarnos a hacer o decir muchas cosas irracionales como perseguir, pelear, insultar e incluso intimidar a nuestra pareja, lo que termina dañando la relación y disminuye las posibilidades de sentirse amado y seguro. La gente puede fácilmente participar en comportamientos que trabajan en contra de sus verdaderos objetivos sin siquiera darse cuenta.

Aprender a identificar qué comportamientos están trabajando en contra de nuestros objetivos puede ser difícil porque muchas veces nos involucramos en ellos inconscientemente. Aprendemos patrones de interacción a través de nuestras relaciones con nuestros padres o cuidadores desde la infancia (Bowlby, 1958), que impactan nuestras relaciones futuras sin siquiera darnos cuenta. Hoy en día, hay cada vez más pruebas de investigaciones y estudios científicos que sugieren que las relaciones amorosas de los adultos funcionan de una manera similar a las relaciones entre el bebé y su cuidador, con algunas excepciones que se consideran comportamientos aceptables para los adultos (Fraley, 2010). La siguiente es la clasificación de los patrones de apego para las interacciones de adultos en parejas amorosas: Apego Seguro, Apego Preocupado-Ansioso, Apego Despectivo-Evasivo, y Apego Temeroso-Evasivo (Hazan y Shaver 1987; 1990; 1994). Echemos un vistazo a estos en más detalle:

Los individuos de **Apego Seguro** pueden equilibrar la intimidad e independencia, y generalmente tienen una visión positiva de sí mismos, sus parejas y sus relaciones. No es sorprendente que los individuos de apego seguro puedan tener relaciones más saludables y más felices con poco esfuerzo. Estos individuos suelen tener alta autoestima y pueden confiar en su pareja a menos que la confianza se rompa.

Los individuos de **Apego Ansioso-Preocupado** tienen dificultad en confiar. Desean desesperadamente sentir intimidad, y pueden exhibir intensa expresividad emocional, inquietudes y conductas impulsivas en sus relaciones. A menudo buscan una mayor aprobación de su pareja, generalmente llevándolos a un sentido de dependencia o "necesidad".

Tienen opiniones menos positivas sobre ellos mismos y sus parejas. Estos individuos son fácilmente estresados en sus relaciones y pueden exhibir conductas agresivas con el fin de buscar respuestas de sus compañeros. Ellos sobre-analizan las acciones y declaraciones de su pareja, lo que los lleva a asumir que las intenciones de su pareja demuestran que no son dignos de confianza. Posteriormente pueden reaccionar impulsivamente basándose en sus suposiciones. Por lo general, veo a los clientes ansiosos-preocupados en terapia de pareja debido a los celos no fundamentados o las inseguridades acerca de su relación.

En mi trabajo con personas ansiosas-preocupadas, primero trato de ayudarles a identificar cómo sus acciones afectan a sus parejas, ya que a menudo no se han dado cuenta de cómo pueden ellos mismos influir en sus sentimientos de inseguridad. Trabajo con ellos para desafiar los pensamientos irracionales que conducen a la desconfianza (puedes aprender más acerca de desafiar los pensamientos irracionales en el capítulo 7), ya que muchas veces sus patrones de pensamiento están creando sentimientos que no pueden basarse en ninguna evidencia real. Si hay alguna evidencia factual que podría ser preocupante sobre el compromiso de un compañero con la relación, les insto a que identifiquen específicamente los comportamientos de su pareja que conducen a la desconfianza percibida. También insisto en fomentar una comunicación más eficaz para que su pareja sepa cómo sus acciones están desencadenando inseguridades y posiblemente reclutar la ayuda de la pareja. Es común que después de años de ser acusados de desconfianza, los compañeros empiecen a esconder deliberadamente información o mentir para evitar enfrentamientos emocionales o explosivos. El esconder y la mentira pueden crear más razones para desconfiar, concibiendo así un ciclo negativo de interacción que se alimenta a sí mismo. Examinaremos los ciclos negativos comunes de interacción en el próximo capítulo.

Los individuos de **Apego Despectivos-Evasivos** aspiran a un alto nivel de independencia, e incluso pueden parecer que evitan el apego o la cercanía por completo. Estos individuos se perciben como autosuficientes y no necesitan relaciones cercanas. Ellos suprimen sus sentimientos, y enfrentan el rechazo distanciándose de su pareja de quienes usualmente tienen una mala opinión. Los individuos despectivos-evasivos tienden a evitar los argumentos, ya que "es una pérdida de tiempo", comunicando desprecio hacia su pareja. Las personas despectivas-evasivas suelen entrar a la terapia porque su pareja las obliga, ya que preferirían evitar hablar de sus sentimientos o resolver cualquier conflicto en sus relaciones.

Con individuos despectivos-evasivos, el desarrollo de la empatía es crucial. Al ponerse en los zapatos de su pareja podrían llegar a ser más empáticos hacia sus compañeros. Muchas veces, acceder a una situación desde una perspectiva diferente puede hacer mucho para la comprensión de un problema. Simplemente reconocer la importancia de su pareja y el papel que desempeñan en su vida puede ayudar al individuo despectivos-evasivo a desafiar la creencia de que no necesitan una relación cercana. Explorar los sentimientos que vienen junto con tener una relación cercana también puede ayudarles a obtener una visión de lo estupendo que puede sentirse tener a alguien especial en sus vidas.

Los individuos de **Apego Temerosos-Evasivos** van de un lado al otro sobre sus sentimientos hacia las relaciones cercanas, tanto deseando cercanía como sintiéndose incómodos con ella. A menudo tienen dificultades para confiar en sus parejas y se consideran indignos de ellos. Pueden evitar la intimidad y suprimir sus sentimientos. Típicamente estos individuos no confían en sus parejas, y sus inseguridades provienen de una baja autoestima y baja confianza en sí mismos. Rara vez se arriesgan o intentan nuevos puntos de vista en referencia a sus parejas. Muchos evitarán enfrentar problemas por miedo a perder a sus parejas. Además, si toman el riesgo de confiar y son decepcionados, esto puede convertirse en un evento impactante que sólo reforzará sus temores existentes.

Cuando trabajo con individuos temerosos-evasivos, trato de ayudarlos a identificar el miedo que se esconde detrás de su evasión, ya que por lo general no son conscientes de ello. A la mayoría de la gente no le gusta admitir que tienen miedo, por lo tanto el miedo puede llamarse con muchos nombres diferentes; como el estrés, la preocupación, los nervios, el temor, la ansiedad, la incomodidad y muchos otros. Hablar de nuestros temores puede ser un reto para muchos, especialmente si están trabajando duro para suprimirlos. Parte del trabajo hacia un cambio significativo puede ser ayudar a alguien a sentirse cómodo expresando sus temores acerca de la cercanía, en un esfuerzo por comunicarlos a su pareja.

Después de aprender acerca de los diferentes patrones relacionales, podrá ver cómo si combinamos estos rasgos, puede resultar bastante difícil que las personas se relacionen entre sí. Imagínese cómo una pareja formada por un individuo despectivo-evasivo y un individuo temeroso-evasivo podría resolver cualquier dificultad. Si ambos están tratando de evitarse mutuamente y suprimir sus sentimientos, ¿cómo se podría abordar algo de manera significativa? He aquí un ejemplo de cómo pueden ser sus interacciones:

> Patty (temeroso-evasivo): Has estado trabajando mucho últimamente. Ya no pasamos tiempo juntos.
> Henry (despectivo-evasivo): Estoy cansado. Estoy demasiado estresado con el trabajo. No puedo tener esta conversación ahora.
> Patty: No importa, puedo divertirme sola. No debería esperarte. No te necesito.
> Henry: ¿Vas a empezar de nuevo? ¿Por qué no puedes dejarme solo? No te necesito como tú a mí.

Patty: No te preocupes, no te lo preguntaré de nuevo.
Henry: Eso es lo que siempre dices, pero no puedes mantener tu palabra, ¿verdad?
Patty: Ni siquiera sé por qué sigo intentándolo, simplemente no te importa.

Por supuesto, todos compartimos en cierto grado los rasgos característicos de todas las clasificaciones anteriores, pero usualmente nuestro comportamiento cae bajo en una de ellas. Recuerde que estos comportamientos en las relaciones generalmente se aprenden a una edad temprana y son en su mayoría inconscientes, no los estamos haciendo a propósito. Nuestro cerebro está programado para trabajar de esta manera al interactuar con otras personas importantes en nuestras vidas, ya que pueden aplicarse no sólo a nuestra pareja, sino también a amigos cercanos, miembros de la familia, nuestros hijos y más. El primer paso para cambiar, es identificar que esto está sucediendo. Una vez que acepte que es un problema en su vida puede tomar medidas para hacer las cosas diferentes. El cambio no es un proceso fácil, pero es posible. Con determinación y compromiso puede aprender nuevas maneras de relacionarse con otros cercanos a usted. Debido a que el cambio es un proceso difícil, muchos buscan ayuda terapéutica, pero puede que no sea necesario. Aprender maneras más efectivas de comunicar sus emociones puede ser útil si está tratando de alterar un patrón negativo de interacción. Nos centraremos en las técnicas de comunicación en el Capítulo 4, para que pueda aprender y aplicar nuevas técnicas y ver qué tipo de resultados puede obtener.

Mediante la aplicación de las sugerencias y técnicas que voy a cubrir en los siguientes capítulos, estoy segura de que podrá lograr resultados positivos en su relación. Sin embargo, si éstos son demasiado difíciles usted puede considerar el hablar con un profesional para ayudarlo y para dirigirlo con sus esfuerzos de hacer cambios en su vida.

EJERCICIO

Las siguientes son preguntas que le ayudarán a identificar el efecto que sus patrones de comportamiento relacionales tienen en su vida. Ser honesto consigo mismo es importante, así que piense y responda a las siguientes preguntas lo más sinceramente posible:

1. ¿Se vuelve demasiado emocional cuando busca respuestas de su pareja? En caso afirmativo, ¿cuál es la reacción de su pareja?

2. ¿Le cuesta trabajo confiar en su pareja? En caso afirmativo, ¿tiene pruebas concretas de esto?

3. ¿Tiende a evita a su pareja? En caso afirmativo, ¿qué piensa usted que siente su pareja cuando la evita?

4. ¿Qué cree que su pareja quiere/espera de usted?

5. ¿Está usted evitando a su pareja porque está preocupado por sus reacciones?

6. ¿Qué pasaría si su pareja supiera lo que *realmente* siente acerca de su relación?

7. ¿Qué patrón de interacciones se ajusta mejor a su modelo relacional o tipo de apego?

8. ¿Cuál es su objetivo cuando se aproxima/evita a su pareja?

9. ¿Obtiene los resultados esperados?

Responder a estas preguntas puede ayudarle a obtener una idea de cómo sus acciones pueden estar trabajando en contra de su objetivo de sentirse seguro, confiado y conectado en su relación.

Capítulo 2

ESTAR ATRAPADOS &
AVANZAR HACIA EL CAMBIO

"Cuando ya no somos capaces de cambiar una situación –
somos desafiados a cambiarnos nosotros mismos".
– Viktor E. Frankl

Cómo pasamos de estar felizmente enamorados a estar atrapados en una relación miserable? Primero, los períodos de lujuria y atracción terminan, y terminamos con individuos que tienen diferentes necesidades de apego que las nuestras. Muchas veces, en este punto en las relaciones se han hecho grandes inversiones de vida con la pareja, y hay intereses comunes como los niños, la propiedad, y más. La rutina también se establece, y comienza a haber mucho de lo mismo. Si el conflicto se convierte en la rutina, y la tensión flota alrededor, es más probable que la pareja esté cuestionando su compromiso, diciéndose cosas malas entre sí (o pensándolas) o incluso empezando a preguntarse si vale la pena el esfuerzo. Muchos pueden considerar terminar la relación o divorciarse después de un tiempo. Podrían pensar: "Esta relación me hace infeliz, terminarla puede ayudarme a sentirme más feliz". Sin

13

embargo, terminar la relación no necesariamente puede ser la respuesta, y trabajar en mejorarla en su lugar puede valer realmente la pena. Curiosamente, una encuesta nacional concluyó que las personas que no estaban satisfechas en sus relaciones no se sentían más felices después del divorcio (Waite et al., 2002).

Estar atrapado en una relación que te hace sufrir no es fácil, pero identificar las cosas que pueden estar contribuyendo al conflicto podría ayudarle a hacer algo al respecto, si es posible. En el capítulo anterior mencioné cómo aprendemos a relacionarnos con otros temprano en la vida, lo cual nos lleva a una serie de patrones de conducta. Con el tiempo, las parejas también desarrollan pautas bastante consistentes de interacción durante situaciones conflictivas. Cuando usted tiene dos individuos en una relación, y cada uno tiene un patrón específico de interacción y diferentes necesidades de apego, la combinación de los dos puede fortalecer o destruir la relación. Este último se llama un ciclo negativo de interacción (Greenberg & Johnson 1998, 2010), y este ciclo es el mismo en cada conflicto o dificultad, a pesar de lo que origina la situación. Es importante identificar estos ciclos negativos de interacciones entre las parejas que los llevan a estar "atascados" e incapaces de moverse hacia interacciones positivas. Así como los patrones de apego individual se han identificado y clasificado, también los patrones de parejas han sido identificados y clasificados como: argumento constructivo, evitación mutua, argumento destructivo y ataque-distancia (Fruzzetti 2006).

ARGUMENTO CONSTRUCTIVO

Esto ocurre cuando las parejas pueden plantear problemas o desacuerdos cuando es relevante de una manera constructiva, no agresiva y clara. Este ciclo es la forma ideal de relacionarse, ya que promueve el respeto, la validación, la comprensión y el compromiso. Las parejas que participan en este ciclo positivo de interacción son capaces de sobrepasar sus desacuerdos, incluso si no pueden encontrar una solución permanente al problema. Ser capaz de expresar sentimientos y explorar el conflicto puede ayudar a una pareja a entenderse mutuamente, y eventualmente a estar más cerca el uno del otro.

Ej. Frank, Diana y su hijo regresan de la residencia de los padres de Diana. Frank parece frustrado y le cuenta a Diana sus sentimientos.

Frank: No me gusta cuando tu mamá me dice cómo debo lidiar con Tommy a la hora de comer. Ella critica todo lo que hago hacia Tommy y tú solo te quedas ahí, me hace pensar que estás de acuerdo con ella, y que ustedes dos están en mi contra. *Aquí Frank expresa sus sentimientos de una manera clara y no agresiva.*

Diana: Cariño, siento que te sientas así. No me he dado cuenta de que lo hace, supongo que no he reaccionado porque no me he dado cuenta. Pero puedo comprender por qué no te gusta. Diana valida los sentimientos de Frank.

Frank: Lo hace cada vez que tiene una oportunidad y se está poniendo muy pesado.

Diana: Te escuchas frustrado. A mí tampoco me gustaría que alguien me dijera cómo actuar hacia Tommy *(Diana expresa una vez más la comprensión).* ¿Hay algo que pueda hacer para mejorar la situación *(Diana también ofrece ayuda y una oportunidad de compromiso)*?

Frank: En realidad no. Bueno, tal vez podrías decirle algo a la próxima vez que suceda.

Diana: Es posible que necesite que me indiques que está sucediendo para que pueda decir algo.

Frank: Lo haré.

Diana: ¿Qué tal si digo "mamá, hacemos las cosas de manera diferente y funciona para nosotros".

Frank: Me gustaría eso. Tal vez puedas agregar "Frank sabe lo que está haciendo!"

Diana: Puedo hacer eso.

Frank: Supongo que eso me ayudaría a sentir que me apoyas.

Diana: Por supuesto que te apoyo, y quiero asegurarme de que se demuestre así.

Frank: Gracias. ¿Quieres ver *House of Cards* mientras Tommy toma una siesta?

Diana: Claro. Me encanta Kevin Spacey en ese papel.

Frank: A mí también, mi vida. *Por último, la conversación se mueve a una solución constructiva donde encuentran resultados.*

Después de leer este ejemplo, usted puede estar pensando "esto es demasiado bueno para ser verdad", pero es posible si usted puede aprender a evitar reacciones agresivas (más sobre eso en el capítulo 7) y sintonizar con lo que su pareja le pide, en este caso "apoyo". Si puede cumplir o al menos intentar satisfacer la necesidad o solicitudes de su pareja, estará contribuyendo a una relación más fuerte y más íntima.

EVITACIÓN MUTUA

Este patrón de interacción negativa tiene lugar cuando ambas personas tratan el conflicto y la dificultad evitándolas. Por lo general, en el comienzo de la relación, un compañero plantea un desacuerdo y se enfrenta a reacciones altamente emocionales de su pareja, lo que como resultado crea reacciones altamente emocionales recíprocas de la pareja que quería abordar el tema. Después de que esta interacción tiene lugar durante algún tiempo, los individuos optan por evitar plantear temas difíciles con el fin de prevenir las interacciones emocionales negativas. Como resultado, sus diferencias no están siendo resueltas y crece la distancia entre sí, a pesar de que no discuten a menudo.

Ej. Frank y Diana vuelven de la residencia de los padres de Diana. Frank parece frustrado, pero no le habla de sus sentimientos.

Frank: (Callado durante el viaje a casa, y una vez en casa va directamente a ver la televisión.)

Diana: (Se da cuenta de que Frank está molesto por algo y probablemente piensa "Aquí va de nuevo, no soporto sus estados de ánimo. Es mejor mantenerme alejada de él".)

ARGUMENTO DESTRUCTIVO

Esto ocurre cuando ambos individuos se vuelven fácilmente agresivos y defensivos durante las interacciones, lo que lleva a un lenguaje y comportamiento ineficaz e inapropiado que a menudo se lamentan más tarde. Ambos individuos se vuelven vulnerables a los comentarios o declaraciones del otro, y reaccionan rápidamente. La interacción no necesariamente tiene que empezar de forma negativa, pero tiende a terminar de esa manera. En estas parejas, los individuos a menudo luchan con las conductas impulsivas y agresivas del otro debido a los estallidos emocionales.

Ej. Frank y Diana regresaron de la residencia de los padres de Diana. Frank parece frustrado y le dice a Diana sus sentimientos.

Frank: No me gusta cuando tu mamá me dice cómo debo lidiar con Tommy a la hora de comer. Ella critica todo lo que hago hacia Tommy y tú solo te quedas ahí, me hace pensar que estás de acuerdo con ella. Siento que ustedes dos están en mi contra.

Diana: ¿De qué estás hablando? Mi mamá no hizo nada. Estás loco.

Frank: Siempre estás defendiendo a tu familia. ¿Qué hay de mí? ¡Tú sólo me utilizas por mi dinero para no tener que trabajar!

Diana: Estás siendo un idiota.

Frank: Ni siquiera sé por qué me casé contigo. Debería haber sabido entonces que eres egoísta y que realmente no me amas.

Diana: Yo tampoco sé por qué me casé contigo, debería haber escuchado a mi mamá.

Frank: Eso es exactamente lo que estoy diciendo. Es como esa vez que le creíste a tu madre por encima de mí. Sí, deberías haber escuchado a tu mamá. Me habrías hecho mi vida más fácil.

dos horas después

Frank: (Cierra la puerta y se va a dormir en la sala de estar).

Diana: (Le tira almohadas antes de ir a la cama).

Este patrón puede terminar fácilmente en violencia, debido a la alta agresividad e impulsividad en ambos lados.

ATAQUE-DISTANCIA

Este patrón de interacción se caracteriza por dos individuos con diferentes maneras de lidiar con el conflicto. Una persona se convierte fácilmente en agresivo, defensivo, y lucha con comportamientos impulsivos. El otro individuo se distancia evitando abordar cualquier tema difícil para prevenir interacciones emocionales negativas ("se encierra"). Este es un ciclo común entre parejas, pero difícil ya que los compañeros se mueven en direcciones opuestas entre sí. En este patrón, los argumentos no suelen resolverse.

Ej. Frank y Diana regresan de la residencia de los padres de Diana. Frank parece frustrado y le cuenta a Diana sus sentimientos.

> Frank: No me gusta cuando tu mamá me dice cómo debo lidiar con Tommy a la hora de comer. Ella critica todo lo que hago hacia Tommy y tú solo te quedas ahí, me hace pensar que estás de acuerdo con ella. Siento que ustedes dos están en mi contra.
> Diana: ¿Vas a empezar de nuevo?
> Frank: ¿Qué quieres decir? Sólo estoy tratando de decirte cómo me siento. ¿Por qué no puedes defenderme?
> Diana: No sé qué decirte.
> Frank: Nunca tienes nada que decir. Es como hablar con una pared, no tengo respuestas. ¿Tienes sentimientos? ¿Te preocupas por mí?
> Diana: (Mueve los ojos) Mira, tengo que ir a buscar leche para mañana.
> Frank: Por supuesto. Huye como siempre.

Con el fin de desprenderse de estos ciclos negativos uno o ambos individuos tendrían que cambiar el enfoque de la interacción. Los intentos de cambiar un enfoque serían mucho más fáciles si las parejas fueran más capaces de regular sus emociones en un esfuerzo por tener discusiones más efectivas y constructivas. Discutiremos la regulación de la emociones más adelante en el capítulo 7. Recuerde que todas las parejas -incluyendo las que encajan en el ciclo de argumentos constructivos- tienen discusiones. Es cómo tratan con sus diferencias y desacuerdos, lo que determinará el desarrollo de sus interacciones y en última instancia, de la relación. ¿Qué patrón crees que encaja con tus interacciones en tú relación?

NO SE TRATA DE ESTAR EN LO "CORRECTO"

He notado que a veces las personas atrapadas en estos ciclos de interacción pueden ser influenciadas por una necesidad de "ganar" o estar en lo "correcto" con respecto a un argumento o la forma de hacer algo "de la manera correcta". Por lo tanto, el objetivo de la interacción es "ganar" o demostrar que su pareja está equivocada a cualquier costo. Muchas veces, las personalidades competitivas o alfa tienden a seguir este impulso para tener éxito. Es importante que se de cuenta de que las llamadas victorias pueden interponerse en el camino de la relación que quiere tener. A veces, la pérdida de hoy puede convertirse en la victoria de mañana. Estar en una relación no es acerca de ganar o perder, y no siempre puedes estar en lo correcto, créalo o no. Ganar o estar en lo "correcto" es acerca de la percepción.

Si quiere un par de zapatos y está acostumbrado a pagar $ 100 por ellos, encontrar una oferta de zapatos de $80 es una victoria. Por otro lado, si está acostumbrado a pagar $ 40 por zapatos, esa misma oferta no parece tan buena. En otro ejemplo, una persona puede pensar que la manera correcta de doblar una camiseta es doblarla con tres pliegues, mientras que otra persona "sabe" que todo el mundo dobla camisetas en dos pliegues. Por lo tanto, yo suelo explicar a mis clientes que ambos tienen la razón, y que ambos están equivocados. No hay UNA manera de hacer las cosas, hay muchas. Tal vez usted puede aprender algo de su pareja, o al revés.

¿POR QUÉ CAMBIAR?

Investigaciones sugieren que la calidad de una relación es uno de los predictores más sólidos de la necesidad percibida de ajuste en la relación (Hassebrauk & Fehr, 2002). Por lo tanto, si no está satisfecho con su relación, lo más probable es que busque un cambio, ya sea por su propio esfuerzo o por el de su pareja. Hassebrauk y Fehr identificaron cuatro temas comunes que son de importancia central para la calidad de las relaciones: la intimidad, el acuerdo, la independencia y la sexualidad. La conclusión de estos estudios sólo ha sido confirmada y demostrada en mi trabajo con parejas, cuando estas entran en terapia buscando ayuda para abordar los déficits en la calidad de su relación.

Estos estudios también han reconocido que los individuos están orientados a los beneficios en concordancia con los intercambios en sus relaciones, en la medida en que aquellos que perciben que están involucrados en una relación desequilibrada manifiestan angustia (Sprecher, 2001). Cuanto mayor es la angustia causada por una relación desequilibrada, mayor es el esfuerzo que intentará colocar un individuo para eliminar la aflicción y restaurar la equidad. A medida que enfrentan las dificultades en su relación, comienzan a experimentar un proceso de cambio.

El cambio se describe como un proceso que implica el progreso a través de una serie de etapas (Prochaska y Velicer, 1997). Las etapas de cambio identificadas por Prochaska y Diclemente (1983) conocidas como el Modelo Transteórico de Cambio (MTC) son: 1. Precontemplación, 2. Contemplación, 3. Preparación, 4. Acción, 5. Mantenimiento, 6. Recaída.

A pesar de que el cambio ha sido mayormente definido en términos de individuos y se ha hecho poca investigación con las etapas de cambio en relación a los procesos de cambio de parejas, creo que el MTC es relevante para la comprensión del proceso de cada individuo en la búsqueda de modificar comportamientos en una relación amorosa. De los pocos estudios realizados, se determinó que el cambio de una relación de dos no es un proceso individual (LaCoursiere, 2008). Echemos un vistazo a este modelo aplicado a los individuos en una relación amorosa y el proceso de modificar positivamente su relación.

La Etapa de Precontemplación (no se está preparado) describe a un individuo que es inconsciente de sus acciones y los efectos que tienen sobre sí mismo y/u otros, o no está pensando en cambiar. A veces, otros alrededor pueden ser conscientes e incluso lo han llevado a su atención. Sin embargo, el individuo puede no ser consciente de cómo sus acciones influyen en el ciclo negativo de interacción (del capítulo 2) en las dificultades de su relación. Esta etapa también se conoce como "negación". Para algunos, puede ser más fácil culpar a otros por sus problemas, y puede ser difícil aceptar que algo que están haciendo puede contribuir a sus propios problemas en una relación. Todo el mundo no está listo o dispuesto a asumir la responsabilidad de las consecuencias negativas causadas por sus acciones, ni podemos obligarlos.

La Etapa de Contemplación (preparándose) describe a un individuo que está pensando en cambiar, pero aún no está comprometido a tomar acción. Muchas veces el costo de cambiar puede parecer demasiado. Un factor semejante a la contemplación se llama ambivalencia (Miller & Tonigan 1996). En esta etapa un individuo va de un lado a otro sobre la necesidad de cambiar; él o ella pueden no estar seguros de que sea posible lograrlo. A veces pueden pensar en comportarse hacia su pareja de una manera diferente, pero no están listos para seguir adelante. Las posibles consecuencias positivas no parecen valer la pena el esfuerzo, o prefieren esperar el "momento adecuado" para hacerlo. Un individuo puede pasar tiempo contemplando las ventajas y desventajas de cambiar. Por ejemplo: "Va a tomar mucho trabajo", "Voy a esperar hasta que las cosas mejoren/empeoren", o "No debe ser tan malo ya que no hemos hablado de separación". Alguien en esta etapa puede o no compartir pensamientos de ambivalencia con su pareja.

La Etapa de Preparación (listo) describe a alguien que intenta hacer cambios en el futuro inmediato. A este punto, la contemplación de las ventajas y desventajas ha decidido que hacer cambios en su relación vale la pena, el precio y las consecuencias. Él o ella piensan en un objetivo, y pueden hacer planes sobre el cambio (cómo y cuándo va a suceder). Esto puede verse como: comprar y leer un libro de autoayuda (como el que está leyendo), investigar artículos en Internet, buscar un terapeuta, llamar para averiguar los precios e incluso hacer una cita. Esta etapa se refiere a prepararse para la acción. Los que están en esta etapa pueden o no compartir el plan con su pareja.

La Etapa de Acción describe a aquellos que han hecho modificaciones específicas en sus pensamientos y comportamientos que anteriormente llevaron al conflicto o a las dificultades en su relación. Esto es probablemente debido a la comprensión de los patrones de pensamiento y comportamiento que influenciaron el conflicto y las interacciones negativas entre un individuo y su pareja, así como la sustitución de pensamientos y patrones de comportamiento más constructivos. Seguir los nuevos consejos de los demás, artículos, libros, un profesional, o incluso la auto-realización, puede llevar muchas pruebas de ensayo y error como parte del aprendizaje.

La etapa de mantenimiento describe a aquellos que han logrado un cambio positivo en su relación y están disfrutando de las ganancias obtenidas como resultado del mismo. En esta etapa, se trabaja en la prevención de la recaída a etapas anteriores, y las modificaciones en el pensamiento y el comportamiento toman menos esfuerzo. Las personas pueden sentirse menos tentadas a recaer si se sienten más confiadas en su capacidad de hacer cambios y atenerse a ellos. El cambio exitoso implica generalmente pasar a través de cada etapa en la secuencia apropiada, puesto que saltar etapas da lugar a la recaída (Prochaska, DiClemente, & Norcross, 1992).

La Recaída describe a individuos que vuelven de cualquier etapa a una etapa anterior del cambio. La recaída es una forma de regresión, que implica el retroceso de las etapas de acción o mantenimiento a una etapa anterior. Es posible retroceder de cualquier etapa a una etapa anterior, pero las investigaciones demuestran que pocos individuos retroceden hasta la fase de precontemplación, y la gran mayoría retrocede hacia la contemplación o la preparación (Prochaska & DiClemente, 1983).

Mi experiencia trabajando con parejas es que ambos individuos no suelen estar en la misma etapa de cambio. A menudo es el caso de que una persona está más motivada para hacer cambios que la otra. Sin embargo, a través de la terapia, ambos individuos pueden terminar haciendo modificaciones positivas hacia la mejora de la relación. Incluso si sólo un individuo hace cambios, esto inevitablemente afectará la dinámica de la relación (O'Leary, 1999). También es útil tener en cuenta que incluso si se obtienen más consecuencias positivas de los aspectos cambiantes de la relación, es probable que la pareja siga teniendo problemas. El cambio requerirá un período de ajuste para la pareja. Las dificultades a las que me refiero son más probables que provengan de las cinco últimas etapas, que es donde es posible que se observe el cambio. Las etapas posteriores del proceso son las que la pareja está *haciendo* ahora en lugar de *experimentar*. Más aún, donde la pareja está re-construyendo comportamientos, y todo el tiempo tratando de apoyarse el uno a otro en sus esfuerzos (LaCoursiere, 2008).

Identificar las etapas anteriores puede ser útil para usted y su pareja, pero también es importante considerar lo que puede impedir que la gente haga cambios en las relaciones, ya que la complejidad de dos individuos puede añadir claramente algunas limitaciones a los esfuerzos de una persona para cambiar. Puede obtener más información sobre los factores que impiden el cambio o el progreso en el capítulo 13 de este libro.

¿Estás listo para hacer cambios? El término *disponibilidad* suele implicar el uso de la motivación, así como la autoeficacia cuando se mira la intención de un individuo para cambiar un comportamiento específico. Estudios demuestran que la disposición al cambio se refiere al afecto (sentimientos o emociones) y cogniciones (conocimiento o percepción) que conducen a los esfuerzos para cambiar (Bradford, 2012). Quiero que considere que la disposición para cambiar un comportamiento es completamente independiente de la disposición a cambiar otro comportamiento separado (Schneider, 2003); Por lo tanto, usted o su pareja pueden experimentar diferentes etapas con respecto a diferentes comportamientos que pueden haber sido identificados como necesarios para cambiar. Por ejemplo, si su pareja quiere que usted comience a hacer ejercicio y comer más sano en un esfuerzo por tener un estilo de vida más saludable, puede contemplar e incluso prepararse para hacer ejercicio, pero todavía estar atascado en la etapa de precontemplación en lo que respecta a comer más sano. Otra consideración es que lo que es un cambio positivo para usted, puede ser problemático para su pareja. Por ejemplo, pedirle a su esposo/a que enjuague los platos antes de colocarlos en el lavavajillas puede tener sentido común para usted, sin embargo, es considerado un desperdicio de agua para su pareja.

A lo largo de este libro le proporcionaré orientación específica en forma de herramientas, técnicas, consejos o sugerencias para ayudarle a usted y a su pareja a realizar los cambios necesarios para mejorar su relación.

Capítulo 3
EL PERDÓN

"Los débiles no pueden perdonar.
El perdón es el atributo de los fuertes."
– Mahatma Gandhi

El perdón es un aspecto clave del estar en una relación; como seres humanos imperfectos, herimos u ofendemos a otros involuntariamente, por lo que el perdón es necesario para darle a nuestro compañero otra oportunidad de hacerlo mejor la próxima vez, o darnos otra oportunidad a nosotros mismos. Sin el perdón sería muy difícil estar en una relación porque la vida como pareja se convertiría en una guerra interminable. Además, estudios científicos han documentado la asociación entre el perdón y la satisfacción conyugal (Fincham, Beach, Davilla, 2004), ya que comunica la resolución de conflictos entre la pareja. El perdón se ha definido como la acción de renunciar al resentimiento, la indignación o la ira causados por una ofensa cometida por otro o por nosotros mismos ("Perdón", 2014). Es un cambio voluntario de comportamientos destructivos dirigidos contra el daño que se ha hecho por otros comportamientos más constructivos. El perdón no es un solo acto que se hace en un tiempo dado, sino un proceso continuo que no sucede de la noche a la mañana.

Dependiendo de la situación, su frecuencia y el individuo, el perdón puede ser un proceso muy difícil. Algunas ofensas pueden parecer imposibles de perdonar para algunos, pero más fáciles para otros. Piense en una situación extrema como el abuso (físico o emocional) en comparación con alguien llegando tarde a su reunión o cita. El perdón es también acerca de la percepción, lo que una persona puede tolerar y lo que otro no puede tolerar no es igual. Si su pareja olvida sacar la basura una o dos veces, puede ser fácil perdonarla o darles el beneficio de la duda. Sin embargo, si su pareja olvida sacar la basura más a menudo de lo que lo recuerda, puede ser difícil dejarlo ir. De la misma naturaleza, si un individuo utiliza nombres despectivos durante un argumento una vez, puede ser más fácil de perdonar que si esto sucede regularmente.

Lo que tiende a hacer más difícil perdonar a nuestra pareja es que hacemos nuestras propias suposiciones o conclusiones acerca del **"por qué"** algo está sucediendo o no está sucediendo. Piense de nuevo en el ejemplo anterior donde usted le pide a su pareja sacar la basura; Si se olvida una o dos veces se puede fácilmente concluir que se olvidó o han estado ocupados últimamente. Por otro lado, si usted le pide a su pareja sacar la basura y se olvida de hacerlo la mayoría de las veces que usted le pregunta, puede empezar a asumir o concluir que él/ella no se preocupan por sus solicitudes, sus sentimientos, o sus esfuerzos, o que lo están haciendo a propósito para molestarlo. En este ejemplo, nuestras mentes dan sentido a lo que está pasando o no atribuye "buenas razones" a lo que no sabemos con certeza. Al contrastar estos dos casos, se puede decir que sería mucho más fácil perdonar a alguien que está ocupado u olvida sacar la basura una o dos veces, pero puede ser más difícil perdonar a alguien que siempre se olvida de sacar la basura "porque no le importa".

El perdón se promueve como una virtud en muchas creencias religiosas diferentes: el cristianismo, el judaísmo, el islam, el budismo, el hinduismo y muchos otros. Las religiones suelen enfatizar el perdón como un componente principal de sus enseñanzas. Este aspecto religioso puede hacer que el perdón sea un objetivo, pero he visto a personas que luchan con el perdón cuando perciben que es esperado de ellos por sus comunidades religiosas. Como mencioné antes, el perdón es un proceso que toma tiempo, es un proceso individual que puede tomar diferentes cantidades de tiempo para diferentes agravios, al mismo tiempo factorizando la capacidad del individuo y la voluntad de perdonar. No hay un marco de tiempo estándar establecido que se necesitaría para completar el proceso, y si se lo apresura puede llegar a ser aún más complicado.

Cuando se sufre, la reacción inmediata es ir en contra de la lógica y hacia aquellos que te hacen daño. Esta reacción es natural debido a nuestro instinto de defensa (véase el capítulo 7), pero tiene sus problemas. Ir contra el que le hace daño puede parecer gratificante, pero normalmente no lo es porque ahora usted puede ser la causa del dolor hacia otro y, como resultado, pueden desarrollarse sentimientos adicionales como la culpa o la vergüenza, lo que complica aún más la situación. Por lo tanto, usted tiene el resentimiento original, la indignación y la ira, más la culpa o la vergüenza que puede venir después de la venganza. Todo esto resulta en una compleja mezcla de sentimientos que pueden conducir al sufrimiento. Si está atacando a la persona que lo lastimó, el perdón no será posible. Una manera de superar el miedo y la ira es recordar el dolor y aceptar el dolor por lo que es, como veremos a continuación.

Los siguientes son cinco pasos a completar en un esfuerzo para facilitar el proceso de perdón. Estos pasos pueden ser invaluables para lograr el máximo grado de perdón. **Los Cinco Pasos para el Perdón** son: 1. Recordar el dolor, 2. Empatizar con el que lo hirió, 3. Ofrecer el regalo altruista del perdón, 4. Comprometerse a perdonar, 5. Aferrarse al perdón (Worthinton 2005).

RECORDAR EL DOLOR

Este puede ser un paso difícil, ya que naturalmente tratamos de escapar del dolor mental y físico (podemos hacerlo enmascarándolo con el abuso de sustancias o adicciones como el alcohol o las drogas; o participar en comportamientos autodestructivos como la lesión de uno mismo, la adicción al sexo, o intentos de suicidio). Escapar los pensamientos es más difícil y puede ser muy frustrante ya que a lo mejor no se tiene las habilidades para detenerlos. Con el fin de superar el miedo y la ira que se ha causado, recordar los sentimientos de dolor y trabajar para aceptar el dolor por lo que es, puede ayudarle a iniciar el proceso de perdón. Una vez más, esto puede ser una tarea difícil de hacer por su cuenta. Buscar ayuda puede facilitar el proceso, ya que aceptar un evento doloroso e hiriente puede ser difícil para cualquiera. Recordar el daño puede hacerse hablando con un amigo cercano o un miembro de la familia que pueda escuchar en un ambiente seguro, o hablar con un profesional. Escribir sobre el evento hiriente y/o los sentimientos también puede ser una manera de recordar el daño.

EMPATIZAR CON EL QUE LO HIRIÓ

Este paso consiste en tratar de entender a la otra persona, no desde tu propia perspectiva, sino desde la de la otra persona. El propósito no es encontrar una excusa para ellos, sino encontrar una explicación con la que pueda vivir, y eso puede ayudarte a dejar ir el miedo y la ira. Esto puede ser extremadamente difícil para muchos, por lo que influye mucho la conducta negativa que tuvo lugar. Puede que nunca entienda la razón por la que alguien haría tal cosa, especialmente si no pudiera imaginarse haciendo algo remotamente similar hacia la persona que ama. Es más fácil tener empatía con alguien que ya no lo está lastimando. Una forma de empatizar con quien le hizo daño es pensar en sus dolorosas experiencias, deficiencias, limitaciones y temores.

OFREZCA EL REGALO ALTRUISTA DEL PERDÓN

Piense en una instancia en que se sentía culpable por lastimar a otro y cómo esa persona lo perdonó. Trate de recordar lo agradecido que se sintió. Todos hemos causado dolor o daño a otros, especialmente a los que más nos importan, como nuestras parejas, nuestros padres y nuestros hijos. Al permitirse pensar en un momento en el que alguien lo perdonó, puede experimentar empatía por el que le hizo daño, el que busca su perdón.

COMPROMETERSE A PERDONAR

Este compromiso se hace mejor públicamente para que no tenga la oportunidad de arrepentirse más adelante. A veces, es posible que desee perdonar a su pareja, pero se frena o no comunica su perdón. Esto puede crear espacio entre usted y su pareja cuando podrían estar disfrutando el amor y el afecto de cada uno. Para ayudarle a comprometerse nuevamente a perdonar, piense en las cualidades positivas de su pareja y los recuerdos futuros que podrían construir juntos.

AFERRARSE AL PERDÓN

De vez en cuando, los recuerdos del evento hiriente resurgirán incluso después de haber perdonado a su pareja. Estos recuerdos suelen ser menos intensos de lo que eran antes de perdonar. Puede que tenga que recordarse a usted mismo que eligió perdonar. Piense en los grandes recuerdos que han construido desde que eligió perdonar; esto puede ayudarle a fortalecer su decisión anterior de perdonar. Piense en las cualidades positivas que tiene su pareja y la forma en que él/ella puede hacer que se sienta amado. Piense en sus acciones de remordimiento hacia usted.

Quisiera aclarar que el perdón no incluye necesariamente la reconciliación. Perdonar o pedir perdón son elecciones personales que no requieren la ayuda de otra persona. Sin embargo, la reconciliación es para dos. Para lograr una reconciliación ambos socios tienen que trabajar conscientemente hacia ella, un individuo trabajando el proceso de perdón y el otro comportándose de una manera que promueva la confianza (ver Capítulo 11). El perdón no tiene que restaurar la relación con alguien que muy probablemente pueda volver a hacerle daño. Si su pareja no puede dejar de mentir, terminar un romance, o si no ha dejado una relación abusiva, entonces será casi imposible iniciar el proceso de perdón, sobre todo porque los sentimientos de dolor están continuamente presentes. El perdón puede ser extremadamente difícil sino imposible mientras que usted todavía está siendo herido. Una manera de ayudar a facilitar el proceso de perdón si su pareja no puede detenerse o controlarse a sí mismo es tomar la decisión de detener la situación usted mismo. Esto puede significar irse, o pedir espacio físico o emocional en la situación que está causando el dolor.

EL PERDÓN NO ES:

Perdonar no significa olvidar lo sucedido; Como he mencionado antes, los recuerdos del doloroso evento volverán. Usted no olvidará, pero puede optar por cambiar los comportamientos destructivos a comportamientos positivos hacia su pareja, como comprometerse a perdonar y aferrarse al perdón. Recuerde que el perdón no justifica la ofensa ni la minimiza. Sin embargo, usted podría beneficiarse de empatizar con su pareja sobre las acciones que le hacen daño. Perdonar no es necesariamente elevar la pena de la ofensa y no sufrir las consecuencias de sus acciones. La reconciliación requiere que su pareja haga una restitución del daño que le haya hecho a usted, si es posible hacerlo. El perdón es para que el perdonador deje de buscar activamente la justicia y trate de controlar las consecuencias, ya que la justicia esperada no necesariamente traerá liberación emocional. Por último, el perdón no es un signo de debilidad, porque no es darle permiso a su pareja para hacerle daño de nuevo, en su lugar, es necesario tener cuidado de no dejar que lo lastimen de nuevo aprendiendo de la situación y estableciendo límites. En mi trabajo he encontrado individuos que luchan con la confusión sobre el perdón y la debilidad, ya que creen que aferrarse al dolor puede mantenerlo "fuerte". La realidad es justo lo contrario; Como Mahatma Gandhi declaró: "El débil no puede perdonar. El perdón es el atributo de los fuertes".

Me gustaría compartir la historia de Samantha, quien entró a la terapia porque estaba descontenta con su relación. Un año antes, el marido de Samantha fue atrapado robando en su trabajo. Fue penalizado por la ley y la pérdida de licencias profesionales que condujeron a dificultades financieras, además de la vergüenza asociada con sus acciones. Durante la evaluación inicial en la terapia, Samantha fue capaz de identificar que sus sentimientos acerca de su relación se originaban de la ira y el resentimiento hacia su marido desde que había sido capturado. Ella estaba luchando para satisfacer las expectativas de su comunidad religiosa de perdonar a su marido, dadas sus señales públicas de arrepentimiento; incluso Samantha admitió que él estaba disculpándose activamente y trabajando para reparar sus acciones con su familia. Samantha estaba frustrada consigo misma y decía cosas como "¿qué me pasa?" Ella estaba luchando por aceptar las acciones de su marido y sus propios sentimientos, lo que le impedía comenzar el proceso de perdón. Samantha expresó su dificultad para sentir empatía con su esposo, y también explicó que su marido había mantenido sus sentimientos e inseguridades ocultos hasta el momento del incidente. Mucho del dolor y decepción de Samantha tenía su raíz en el hecho de que su marido tuvo que esperar para ser atrapado y castigado para compartir sus sentimientos e inseguridades con ella. A pesar de las dificultades de Samantha con perdonar a su marido, su compromiso con él y con su familia fue una prioridad que la ayudó a mantenerse motivada durante los tiempos de duda y durante todo el proceso de perdón.

CUÁNDO NO PERDONAR

A veces perdonar puede ser más perjudicial que seguir adelante. En estos casos, las heridas son tan profundas o la traición es tan grave y seria, que perdonar será psicológicamente perjudicial para el individuo traicionado. Algunas heridas no se pueden conciliar porque el individuo puede nunca entender la motivación detrás de la traición (Gottman 2011).

Las siguientes preguntas pueden ayudarle en sus esfuerzos por perdonar a su pareja por su mal comportamiento:

1. ¿Qué impacto tiene la experiencia de dolor en su relación?

2. ¿Qué sentimientos tiene hacia su pareja después del dolor/herida que sufrió?

3. ¿Cómo le hizo sentir el dolor/herida?

4. ¿Qué cambios han ocurrido en su interior que le permitan pensar en perdonar a su pareja?

5. ¿Qué ha dicho o hecho su pareja que le ha permitido pensar en perdonarle?

6. ¿Por qué escoge comenzar el proceso de perdón hacia su pareja?

7. ¿Cómo caracterizaría su relación actual con su pareja?

8. ¿Es esta la relación que quiere tener con él/ella?

9. ¿Qué pensamientos o sentimientos tiene sobre el futuro de su relación?

10. ¿Cómo quiere que sea su relación? ¿Cree que es posible lograrlo con su pareja?

Revise sus respuestas a estas preguntas y úselas para ayudarle a considerar su decisión de perdonar a su pareja si es necesario. Espero que después de leer este capítulo usted pueda estar de acuerdo en que el perdón es una habilidad esencial para tener una relación larga y estable. Además, estudios han demostrado consistentemente que el perdón reduce la hostilidad, la ira crónica, el miedo y el estrés; al tiempo que aumenta el optimismo y aporta beneficios para la salud (Lawler et al., 2005). Si tiene dificultad para perdonar a su pareja y a otras personas por sus faltas, trate de usar las preguntas anteriores y los pasos del perdón para ayudarle durante este difícil proceso. Podría estar en el camino a sentir emociones más positivas hacia usted y sus seres queridos.

Capítulo 4
COMUNICACIÓN

"Las buenas palabras valen mucho y cuestan poco."
– George Herbert

Si llegó a este capítulo pensando "¡finalmente, este es mi problema!" No estás solo; Investigaciones científicas han demostrado que la comunicación es una de las áreas de problemas más reportadas de las parejas (Storaasli y Markman, 1990; Miller y otros, 2003; Whisman, Dixon y Johnson, 1997). Hablar de problemas o discutir es una parte normal de las relaciones. Todos tenemos diferentes opiniones y puntos de vista sobre el mundo que nos rodea, por lo que es natural que tengamos diferencias. Sin embargo, discutir puede llegar a ser tan frecuente e intenso que parece que no hay esperanza para el futuro de una relación. Todos tenemos enfoques y opiniones diferentes, basados en lo que hemos aprendido a través de nuestras experiencias de vida hasta este momento. La mayoría de nosotros podría estar de acuerdo en que hablar de problemas con su pareja (o cualquier persona) puede ser incómodo y potencialmente puede terminar en discusiones y peleas sin realmente resolver el problema. Si usted es una de las personas afortunadas en este mundo que aprendió a comunicarse correctamente temprano en su vida, no se preocupe por leer este capítulo. Sin embargo, si sus intentos de comunicación no son tan exitosos como usted desea, este capítulo puede ayudarle.

Usted puede haber aprendido en su crianza que no se habla de problemas en un esfuerzo por evitar argumentos; por otro lado, puede haber aprendido que hablar de lo que está mal puede ayudarlo a resolverlo. De cualquier manera, si su pareja tiene un enfoque opuesto, lo más probable es que luche con estos momentos y se encuentre atrapado en un ciclo negativo de interacción como discutimos anteriormente en el capítulo 2.

Si usted tiene dificultad para expresar sus sentimientos y duda abordar un problema que le molesta con su pareja, es posible que haya crecido en una casa donde muchas cosas se quedaron sin decir, tal vez para evitar el castigo o molestar a los demás. Probablemente su pareja también tiene dificultad para expresar sus sentimientos. No hablar de los sentimientos era muy común en generaciones pasadas, cuando los estilos de crianza eran más estrictos y rígidos en lo que respecta a expresar cualquier cosa que pueda sacar emociones a la luz. La información estaba menos disponible y los niños no tenían tantas opciones como hoy en día. El problema de no expresar sentimientos u opiniones sobre un tema que es importante para usted es que los sentimientos se acumulan dentro de usted. Cuando tenga lo suficiente acumulado (y todos tenemos nuestro límite), lo más probable es que explote. Explotar puede verse diferente para diferentes personas, pero por lo general es hacer o decir algo de lo que más tarde se arrepentirá. Además de embotellar sus sentimientos, el problema continúa, ya que su pareja puede no ser consciente de lo importante que esto es para usted. Por lo tanto, es posible que usted no le esté dando a su pareja la oportunidad de complacerlo o considerar sus sentimientos acerca de la situación.

Por otro lado, si usted es el tipo de persona a quien se le enseñó a hablar sobre problemas, puede que no sea lo suficientemente específico en su comunicación para que su pareja realmente entienda por qué algo le molesta o le ofende. Esto puede ser frustrante, porque usted llega a pensar que explica sus sentimientos todo el tiempo, pero a su pareja no le importa. Más aún, llega a desanimarse de seguir expresando cómo se siente para evitar sentirse decepcionado por su pareja. Tristemente, la realidad es que probablemente ya esté decepcionado y continúe estándolo.

Obtener información es valioso ya sea en el lugar de trabajo o en casa. Si usted está en el trabajo y se le pide que complete una tarea, pero no se le ha dado toda la información sobre lo que se espera de usted o la tarea, puede que tenga que rellenar algunos de los espacios en blanco, hacer algunas suposiciones y esperar que sus esfuerzos sean suficientes. A veces lo son, y otras veces no tanto. De la misma manera, si su pareja le pide que haga algo pero no está claro en lo que quiere, usted puede poner sus mejores esfuerzos, y todavía no ser suficiente.

LOS TRES TIPOS DE COMUNICACIÓN

Tomemos un momento para repasar los tres tipos de comunicación en un esfuerzo de explorar sus tendencias.

La Comunicación No-Asertiva se caracteriza generalmente por la falta de expresión de deseos o necesidades. Este individuo en su mayoría ignora sus propios derechos y deja que otros infrinjan sobre ellos. A menudo, él o ella pueden no sentirse merecedor de ellos. Si decide expresar una necesidad, tiende a hacerlo indirectamente, y como resultado es fácilmente herido y decepcionado en las relaciones. Esto a su vez puede conducir a sentimientos de ansiedad, e incluso a la ira. Este individuo generalmente evita conflictos, situaciones desagradables y riesgosas, se siente "usado" y no valorado por otros, y acumula ira hasta que alcanza su límite, y eventualmente explota.

La Comunicación Asertiva por lo general expresa y afirma derechos de una manera en que los derechos de los demás se tienen en cuenta. Este individuo tiende a ser honesto y expresa directamente sentimientos, necesidades y deseos. Él/ella es automotivado y lo más probable es que tenga una alta autoestima y confianza en sí mismo. El resultado de este tipo de comunicación es sentirse valorado por uno mismo y los demás. Sus necesidades en las relaciones se cumplen en su mayoría, y las relaciones tienden a ser más honestas y más libres.

Ser asertivo sin duda puede ser un reto, especialmente si no viene de forma natural, pero es una habilidad que se puede aprender a través de la práctica y la dedicación. Si usted siente que no está siendo asertivo en su comunicación, es importante comenzar a hacer un esfuerzo hacia este objetivo para que pueda experimentar los resultados para usted y su relación. Aprenderá algunas herramientas para comunicarse asertivamente más adelante en este capítulo.

La Comunicación Agresiva suele conducir a muchos conflictos en la vida cotidiana, ya que es expresar los derechos propios a expensas de los demás. Muchas veces estas personas son percibidas como acusatorias o manipuladoras. Tienden a tener impulsos inadecuados de reacciones hostiles hacia situaciones, e incluso querer humillar o desquitarse con otros. Esta persona es "brutalmente honesta" a expensas de los sentimientos de los demás. La mayoría de las personas que usan una comunicación agresiva se sienten enojados, resentidos y a veces superiores a los demás, y después de un tiempo también se sientan culpables por sus acciones.

Los siguientes son ejemplos de cómo suenan estos comunicadores:

> No asertivo: La verdad no importa. No te preocupes. (Cuando sí importa)

> Asertivo: No creo que entiendas lo que quiero decir. Déjame explicarte.

> Agresivo: No me estás escuchando, nunca lo haces. Deja de ser tan egoísta.

Recuerde que estos tipos de comunicaciones se aprenden generalmente a través de nuestros modelos a seguir o a través de nuestras experiencias de vida. El no ser asertivo o agresivo sólo conducirá a la frustración, la decepción sobre uno mismo y los demás, y los conflictos internos y externos en las relaciones. Si ha identificado que se comunica de una manera no asertiva o agresiva, siga leyendo las siguientes sugerencias, ya que podrían ayudarle a comunicar sus necesidades, sentimientos y deseos de una manera más asertiva y efectiva. Hablar de diferencias puede ser muy productivo para una pareja, pero lo que tiende a interferir es que no sabemos cómo hablar sobre nuestras diferencias y/o las emociones pueden interponerse en nuestro esfuerzo a una comunicación efectiva. Discutiré acerca de las emociones más adelante en el Capítulo 7.

CONVERTIRSE EN UN COMUNICADOR ASERTIVO

Si usted no ha tenido los mejores modelos para desarrollar habilidades de comunicación, no está solo. Una gran mayoría de la gente tampoco los ha tenido. El simple hecho de que está leyendo este libro es una indicación de que está dispuesto a aprender algo diferente, algo que potencialmente podría mejorar su relación con los demás y, lo más importante, con su pareja. Todas las técnicas de comunicación que voy a proporcionar en este libro podrían ayudarle no sólo en su relación, sino también con amigos, familiares, compañeros de trabajo y cualquier persona con la que entre en contacto. La práctica es muy importante cuando usted está aprendiendo algo nuevo, así que practique tanto como sea posible con cualquier persona con la que interactúe a diario. Esta es la única manera en la que usted ganará la confianza para usar estas técnicas, y a su vez realmente recordará usarlas con su pareja en un momento de desacuerdo o argumentos. Usted puede convertirse en un comunicador asertivo con la práctica y la motivación adecuada para hacerlo. Las siguientes son técnicas que le ayudarán a convertirse en un comunicador asertivo:

Utilice **comienzos suaves** para su conversación. Investigaciones sugieren que el 96% del tiempo, la forma en que una discusión comienza puede predecir la forma en que terminará (Gottman & Silver 1999). Si inicia una conversación con un tono positivo, lo más probable es que termine en el mismo tono positivo. Manténgase alejado de comienzos duros como acusaciones, negatividad o desprecio. Por ejemplo, si usted comienza el diálogo con "Mi vida, sé que estás trabajando duro para proporcionar un futuro mejor para nuestra familia", y luego sigue con una solicitud para pasar más tiempo juntos, usted puede tener un resultado muy diferente que si comienza su diálogo con "Eres un adicto al trabajo que no se preocupa por pasar tiempo conmigo". Prestar atención a su tono de voz es importante en sus esfuerzos por usar comienzos suaves. Si inicia reconociendo los esfuerzos de su pareja, será más probable que él/ella escuche cualquier cosa que tenga que decir a continuación.

Utilice **declaraciones usando el "Yo"**. Thom Gordon utilizó por primera vez el término "mensajes Yo" en la década de los 1960s (Gordon 2000), y desde entonces se ha utilizado en programas para la comunicación efectiva, en la terapia y en la formación corporativa. Ejemplos son frases como: "Yo siento...", "Me gustaría...", "Pensé...". Estos tipos de declaraciones comunican la propiedad de sus sentimientos, pensamientos y deseos, en lugar de culpar o acusar a otros. Lo contrario de las declaraciones de "Yo" son declaraciones de "Tú": "Tú me hace sentir...", "Tú tienes que....", "Tú estás mal ..." El uso de las declaraciones "Yo" puede reducir las acusaciones percibidas, así como añadir un sentido de propiedad a lo que dice.

Utilice **declaraciones objetivas y descriptivas**, especialmente cuando se refiere a las acciones de su pareja. Esto podría sonar como: "Noté que se te olvidó sacar la basura". Estas declaraciones mantienen la conversación en torno a los hechos que han tenido lugar, sin acusaciones, ni juicios. Usar declaraciones objetivas y descriptivas puede ser un desafío ya que vivimos en una cultura que nos motiva a juzgar constantemente, por lo que puede tomar mucha práctica. Describir con palabras lo que ve y oye puede ayudarle a practicar la objetividad. También puede ayudarle a pensar acerca de lo que está sucediendo mientras está sucediendo, dándole tiempo para actuar más eficazmente. Lo contrario de las declaraciones objetivas y descriptivas son suposiciones y juicios sobre las acciones e intenciones de su pareja.

Use **declaraciones específicas** al describir situaciones, pensamientos, sentimientos e intenciones. Manténgase alejado de palabras extremas como SIEMPRE y NUNCA. "Me di cuenta de que dejaste tu ropa sucia en el piso un par de días durante esta semana" es mucho menos doloroso y presuntuoso que "Siempre dejas tu ropa en el suelo".

Con el fin de entender mejor este punto, generalmente le pido a mis clientes que piensen en una tarea que no les gusta hacer, como lavar los platos. Si odia lavar los platos, pero lo ha hecho un par de veces durante el mes pasado, en el momento en que tu pareja dice "nunca lavas los platos", se acordará de esas dos veces que lavó los platos e intentará defender la declaración falsa que le acaban de hacer. Ser específico también proporciona más información, reduciendo la necesidad de llenar los espacios en blanco o hacer suposiciones acerca de lo que se está tratando de comunicar.

Asuma la responsabilidad de sus acciones. Todos cometemos errores, y le guste o no, su pareja lo sabrá. Reconocer cuándo se comete un error o incluso simplemente aceptar nuestra influencia en una situación problemática puede reducir la tensión durante una discusión. Ejemplo: "Creo que podríamos trabajar para ser mejores comunicadores", en lugar de "Necesitas aprender a comunicarte".

Utilice **declaraciones con tacto** y evite palabras derogatorias. Ejemplo: "No estoy de acuerdo con eso", en lugar de "Eso es estúpido". Lo más probable es que usted tiene tacto en el trabajo porque tiene que hacerlo. ¿Adivine qué? Si no tiene tacto con su pareja, él/ella puede sentirse despreciado o menospreciado. ¿Le gusta sentirse irrespetado o burlado? No lo creo. Si usted tiene la capacidad de tener cuidado con lo que dice en el trabajo o en un entorno profesional, sin duda puede tomar el tiempo para hacer lo mismo con su pareja en casa.

Pregunte o solicite lo que desea de su pareja, en lugar de exigirlo o esperar que lo sepan. Ejemplo: "Puedes recoger la ropa de la tintorería", en lugar de "debes recoger la ropa de la tintorería". Pedir lo que quiere es su derecho. Por supuesto, no hay garantía de que lo obtendrá porque no podemos obligar a nadie a hacer algo que no quieren hacer, pero puede trabajar para convencer a su pareja. Trate de evitar el uso de palabras como "debes" o "tienes que" al pedir algo, ya que estas palabras comunican una obligación o comando. A la mayoría de las personas no les gusta que se les diga qué hacer, incluido usted mismo; su pareja puede tener una reacción negativa a su solicitud cuando se le dice que "debe" o "tiene" que hacer algo.

Elogie o reconozca los esfuerzos de su pareja. Una declaración como "fue muy considerado de tu parte recordar acerca de mi presentación de trabajo de hoy" puede hacer que su pareja se sienta apreciada. Reconocer lo que su pareja hace bien (en lugar de sólo señalar lo que no está sucediendo o lo que no le gusta) motivará a su compañero a hacerlo de nuevo. Recomiendo mucho esta técnica para parejas donde los individuos no se sienten apreciados, ya que puede proporcionar una gran fuente de motivación para la mejoría en la relación.

Muestre empatía hacia su pareja. La empatía es la habilidad de entender la experiencia de su pareja desde su perspectiva, no la propia. Ejemplo: "Puedo ver que estás preocupado por dinero este mes". Tratar de entender los sentimientos de su pareja puede ser de ayuda cuando están en desacuerdo o tienen opiniones diferentes. Incluso si no están de acuerdo en sus diferencias, dejar saber a su pareja que usted está tratando de entender su punto de vista puede demostrar respeto e interés. Mostrar empatía puede determinar el curso de la conversación. Les diré más sobre empatía y el impacto que puede tener en su relación en el próximo capítulo.

Recuerde que todas estas técnicas son aprendidas, y usted puede aprenderlas también. Practicarlas con su pareja y otros que le rodean le ayudará a sentirse más seguro de usarlas en un momento de tensión, y es más probable que las recuerde. No tiene que usarlas todas a la vez; dependiendo de la situación puede utilizar una o dos. A medida que aprende y practica estas técnicas, le sugiero que intente tratarlas una a la vez introduciéndolas conscientemente en sus conversaciones.

COMUNICACIÓN DESTRUCTIVA

El Dr. John Gottman, un experto reconocido en el campo de la terapia de pareja y psicología, ha identificado cuatro interacciones negativas prominentes entre las parejas que son perjudiciales para los matrimonios o las relaciones a largo plazo. Los llamó Los Cuatro Jinetes (Gottman & Silver 1999) y vienen a continuación:

1. **La crítica destructiva** es atacar a su pareja en lugar de identificar comportamientos negativos (observar y describir). Llamar a su pareja "egoísta" o "vago" son ejemplos de crítica. Esto también se llama etiquetar, que es llamar a su pareja por sus acciones. La crítica puede llevar a muchos conflictos, ya que su pareja no se define por sus comportamientos. Si usted llamó a su pareja "vago" porque no quería lavar los platos después de la cena, su pareja puede ofenderse ya que tuvo un largo día de trabajo. Más que nada, la crítica es percibida como un ataque directo hacia su pareja sobre lo que él/ella hace mal, o no hace.

2. **El desprecio** se refiere a la sensación de que su pareja no es digna de ningún respeto, que proviene de una posición de superioridad, y por lo general sigue a la crítica. Los insultos, el rodaje de los ojos, el sarcasmo y el humor hostil son expresiones habituales del desprecio. Este tipo de interacción hace que su pareja se sienta menospreciada y envía el mensaje de que usted se siente superior.

3. **La actitud defensiva** es la reacción a sentirse atacado por su pareja. Defender su inocencia, al enfrentarse a un ataque con un contraataque y negar la responsabilidad de un problema son ejemplos de defensividad. Desafortunadamente actuar de manera defensiva no le ayudará a resolver ningún problema, sólo crea más conflictos. Usted puede creer que

tiene buenas razones para actuar de manera defensiva, especialmente si su pareja lo está criticando o expresando desprecio hacia usted, pero actuar de esta manera puede empeorar la situación porque conduce a un escalamiento del problema.

4. **El encierro o actitud evasiva,** es desconectar o ignorar a su pareja y suele seguir las interacciones anteriores y conduce a que su pareja se sienta ignorada y enojada. El encierro o actitud evasiva conduce a los ciclos negativos de interacción ataque-distancia o evitación mutua discutidos en el capítulo 2. Además, puede comunicarle a su pareja que no le importa lo que él o ella tiene que decir, lo cual crea frustración y decepción.

Cuando se combinan con el tiempo, estas cuatro interacciones comunes pueden llevar a una pareja a considerar e incluso buscar el divorcio. La crítica, el desprecio y la actitud defensiva son formas de comunicación agresiva, mientras que el encierro o actitud evasiva es una forma de comunicación pasivo-agresiva. Aprender una comunicación eficaz puede ayudar a una pareja a comunicar sus necesidades y deseos en una interacción más segura.

Peter y Erica vinieron a terapia reportando dificultades para comunicarse. Después de su evaluación inicial, se confirmó que tenían dificultad para expresar sus deseos y necesidades, y ambos participaban en una comunicación destructiva. Como resultado, se sentían frustrados y desanimados. Así sonaba su diálogo:

Erica: ¿Cuándo vas a encontrar un trabajo de verdad?
Peter: Estoy buscando, pero no tengo suerte. La gente no me da una oportunidad (defensividad). Sólo he podido obtener pequeños trabajos aquí y allá.
Erica: Estoy cansada de escuchar tus excusas, eres un vago e irresponsable (crítica). Yo soy la que tiene que preocuparse por las facturas. Comienza

a actuar como un hombre de verdad (desprecio).

Peter: Eres una estúpida (desprecio). No es culpa mía que esté sobrecalificado (defensivo).

Erica: ¿Por qué estoy perdiendo el tiempo? No puedo lidiar contigo (desprecio).

Peter: Lo que tú digas (actitud evasiva).

Como se puede ver, en el diálogo anterior, nada se resolvió. Tanto Peter como Erica se sienten decepcionados el uno del otro y heridos. Después de enterarse de los efectos de *Los Cuatro Jinetes*, se dieron cuenta del impacto que sus palabras tenían entre sí. Mi sugerencia es poner atención a sus interacciones con su pareja. Luego, piense en qué y cómo va a decir algo, esto puede hacer absolutamente toda la diferencia en su comunicación con su pareja y con otros a su alrededor.

Las siguientes son preguntas que pueden ayudarle a reflejar o evaluar si está participando en una comunicación destructiva:

- ¿Usted o su pareja se involucran en la crítica?

- ¿Usted o su pareja expresan desprecio?

- ¿Usted o su pareja actúan defensivamente el uno hacia el otro?

- ¿Está usted o su pareja evadiendo discusiones importantes?

Recuerde, si usted no es consciente de sus acciones al interactuar con su pareja será muy difícil cambiar lo que no está funcionando. El primer paso es crear conciencia.

LA ESCUCHA ACTIVA

Como se mencionó anteriormente, uno de los principales problemas que lleva a parejas a buscar ayuda profesional es la dificultad con la comunicación, en particular sus habilidades de escucha. Esto evita que las parejas se comprendan entre sí y, lo que es más importante, resuelvan problemas o lleguen a compromisos. Por lo tanto, los mismos problemas siguen apareciendo una y otra vez. Tenga en cuenta que la mayoría de la gente no aprende a comunicarse eficazmente, especialmente a escuchar, lo cual es una parte importante de la comunicación. En mi experiencia, la escucha activa es una de las habilidades de comunicación más importantes. Estas son algunas de las técnicas básicas de escucha activa que suelo enseñar a las parejas que buscan mejorar su comunicación:

- **Aclarar:** Hacer preguntas para ayudarle a entender lo que su pareja está tratando de decir. Ejemplo: "¿Estás diciendo que te insulte?" Esta técnica puede ser importante en tus esfuerzos para evitar suposiciones o malentendidos.

- **Reformulación**: Restablecer su comprensión de lo que se dice con hechos (describiendo observaciones) o la idea básica de lo que se está comunicando. Ejemplo: "Para asegurarme de que entiendo, ¿estás diciendo que te llamé a una hora muy ocupada?". Tomar este paso adicional en sus esfuerzos de comunicación también puede ayudarle a evitar suposiciones y malentendidos.

- **Refuerzo Positivo:** Mostrar interés en lo que dice su pareja usando palabras neutras y un tono neutro de voz en un esfuerzo para alentarlo a continuar hablando. Ejemplos: "Sigue..." "O.K." "Uh huh". Alentar demuestra que se preocupa por lo que tu pareja siente y piensa, y que está prestando atención.

- **Resumir:** Revisar el progreso de la conversación reafirmando ideas importantes, y estableciendo una base para discusiones adicionales. Ejemplo: "Suena como si estuvieras frustrado en tu trabajo porque tu jefe te está dando más trabajo del que te corresponde". Esta técnica muestra que usted estaba prestando atención a lo que se dijo, y aún mejor, que está tratando de entender.

- **Validar:** Reconocer los sentimientos, esfuerzos y valor de su pareja. Ejemplo: "Veo que estás poniendo mucho esfuerzo en terminar tu proyecto del trabajo". Esta es una de las técnicas de escucha activa más importantes, tan importante que voy explicar más detalladamente el impacto de la validación en el próximo capítulo.

- **Reflejar:** Reflejar los sentimientos básicos de su pareja como los entiende en la conversación. Ejemplo: "Te escucho enojado con tu jefe por lo que dijo ayer". Reflejar es útil en sus esfuerzos por validar.

¿Recuerda a Peter y Erica? Veamos cómo podría haber cambiado su conversación si hubieran utilizado habilidades de escucha activa.

> Erica: ¿Cuándo vas a encontrar un trabajo de verdad?
> Peter: Estoy buscando, pero no tengo suerte. La gente no me da una oportunidad. Sólo he podido obtener pequeños trabajos aquí y allá.
> Erica: ¿Qué quieres decir con que la gente no te está dando una oportunidad? (Clarificación)
> Peter: He ido a entrevistas y hablado con mucha gente, pero parece que no es suficiente por lo que no me contratan. Me estoy empezando a preguntar si hay algo que estoy haciendo mal.
> Erica: Suenas desanimado (reflejando).
> Peter: Lo estoy. No estoy seguro de qué más

puedo hacer.

Erica: Me estás diciendo que has ido a entrevistas y hablado con gente sobre conseguir un trabajo, pero nada ha salido de ello (resumiendo).

Pedro: "Uh huh" (alentador).

Erica: Vamos a pensar en algo juntos. Tal vez podamos trabajar en una nueva estrategia para usar en las entrevistas. La verdad es que estoy empezando a preocuparme por las facturas de la casa, nuestros ahorros se están acabando rápidamente.

Peter: Puedo ver por qué estás preocupada (validando), nuestro estilo de vida ha cambiado desde que perdí mi trabajo. Creo que estoy sobrecalificado para algunos de estos puestos, tal vez podría trabajar en mi currículum.

Erica: Tal vez. Puedo ayudarte si quieres.

Peter: Voy a revisarlo esta noche y te lo enseño.

En esta versión de la conversación entre Peter y Erica, parecían más dispuestos a escucharse y entenderse él uno a otro, lo que los llevó a trabajar juntos para ayudar a Peter a pensar en por qué no lo han contratado. Finalmente, aunque no se resolvió todo el problema, se creó una motivación para que trabajen juntos y tomen una acción inmediata.

Es importante mencionar que todas las habilidades de comunicación pueden ser un desafío para poner en práctica ya que nuestros sentimientos sobre una situación pueden interponerse en el camino de nuestros esfuerzos para ser un comunicador eficaz. El Capítulo 7 le mostrará algunas técnicas para ayudarle a trabajar con sus emociones durante un momento de tensión o conflicto. El no ser capaz de regular sus emociones puede hacer casi imposible aplicar todas las técnicas que está aprendiendo.

Con el fin de lograr una comunicación eficaz hay algunos

detalles que quiero que tenga en cuenta. Primero, ponga atención a su tono de voz, su lenguaje corporal y expresiones faciales, ya que éstas también son formas de comunicación (que a veces son inconscientes). En segundo lugar, elegir un buen momento para hablar tiene un enorme impacto en su capacidad de comunicarse o escuchar a su pareja, y evitar posibles distracciones que puedan interponerse en el camino de sus esfuerzos (en otras palabras, no iniciar un debate complejo un minuto antes de su serie de televisión favorita). Por último, trate de iniciar la conversación en una nota positiva, como cuánto ama y se preocupa por su pareja. Esto podría establecer el tono de lo que tiene que decir a continuación.

Todas estas técnicas pueden ser muy útiles para usted, pero recuerde que si no las pone en práctica pronto se olvidará de ellas. Al igual que muchas cosas, como la fuerza muscular, lenguas extranjeras o habilidades matemáticas, se usa o se pierde.

Capítulo 5

EMPATÍA Y VALIDACIÓN

"La empatía es realmente lo opuesto a la mezquindad espiritual. Es la capacidad de entender que cada guerra es ganada y perdida. Y que el dolor de otra persona es tan significativo como el tuyo propio."
– Barbara Kingsolver

Eduardo y Andrea vinieron a terapia sintiéndose desanimados porque a pesar de sus esfuerzos para comunicarse, parecía que no podían hacer nada bien. Andrea estaba frustrada porque parecía que todo lo que decía estaba equivocado, según Eduardo. Por otro lado, él se irritaba fácilmente porque parecía que nada de lo que hacía era suficiente para Andrea. Tanto Eduardo como Andrea se sentían invalidados, y ambos tenían dificultad para empatizar el uno con el otro. Sus argumentos se convirtieron en una lucha de poder acerca de quién estaba "en lo cierto". Uno de sus argumentos iniciales fue el siguiente:

> Andrea: ¿Puedes simplemente mostrarme que te importo? Estoy cansada de sentirme insignificante en tu vida.
>
> Eduardo: **¡Qué! No sabes de qué estás hablando.**

Andrea: Esto es a lo que me refiero. Estoy tratando de decirte cómo me siento y ni siquiera puedo decir una palabra antes de que me digas que estoy equivocada.

Eduardo: **Esto es absurdo.** Trato de mostrarte que me importas todo el tiempo.

Andrea: **¡Te equivocas! Así no son las cosas.** Ignoras mis llamadas y textos y vuelves a casa y te duermes en el sofá viendo la televisión. Incluso los fines de semana cuando pienso que finalmente vamos a pasar tiempo juntos, haces planes para jugar fútbol con tus amigos

Eduardo: **Deja de sentir lástima por ti misma. Al menos** estoy trabajando duro para darte todas las cosas que tienes, en lugar de ir de fiesta con otras mujeres. Además, tú haces sus propios planes con los niños y no me incluyen.

Andrea: **Estás mal.** Sólo lo hago porque sé que harás planes sin nosotros. Tengo que compensar que estés ausente. ¿De qué otra manera se van a sentir importantes?

Eduardo: ¿Estás diciendo que soy un mal padre? No vamos a ir allí. Sabes qué, estoy harto de oírte hablar de esto. No puedo tener esta charla ahora.

En este argumento, tanto Eduardo como Andrea invalidaban, y también luchan para empatizar el uno con el otro. Ambos terminaron frustrados y derrotados ya que ninguno de los dos se sintió comprendido. Otros ejemplos de invalidación que no se incluyen en la conversación anterior se clasifican a continuación.

Decirle a otros cómo sentir o minimizar sus sentimientos:

• No te preocupes.

- Tienes que superarlo.

- No lo tomes todo tan personalmente.

- No puedes estar hablando en serio.

- No vale la pena.

- No estés triste/sensible.

Decirle a otros cómo verse:

- No hagas esa cara.

- ¡Sonríe!

Negar las percepciones de otros:

- Eso es ridículo.

- Así no son las cosas.

- Lo tienes todo mal.

- No te juzgo.

- Estás siendo irracional.

Mostrar intolerancia a lo que otros dicen:

- Esto es patético.

- Este tema se está poniendo viejo.

La empatía y la validación son igualmente importantes en nuestras relaciones. Quisiera distinguir ambos, y cómo pueden trabajar juntos para ayudarle a mejorar su relación. **La empatía** es la capacidad de entender la experiencia de otra persona desde su perspectiva ("Empatía" 2014). La validación es comunicar o expresar su comprensión (empatía) y aceptación hacia su pareja (Fruzzetti & Iverson 2004). Algunas personas pueden ser naturalmente empáticas, pero muchas otras tienen que aprender a serlo. Por ejemplo, si usted ve a alguien llorar, probablemente se sentirá triste por ellos, o querrá consolarlos. Nadie tuvo que enseñarte a consolar a quien está llorando, tal vez sentía un impulso de hacerlo. Por otro lado, si usted está sentado en un restaurante tratando de disfrutar de su cena y hay un bebé gritando junto a usted, es más probable que se moleste y tenga pensamientos tales como "¿Por qué estos padres no pueden controlar a su bebé?"

Si usted tiene niños, tal vez aprendió lo difícil que puede ser para estos padres hacer frente a una situación como esa, sabiendo que muchos alrededor están molestos y mirándolos, esperando que hagan algo mientras todos sus intentos están fallando. Si ha experimentado ambos lados, puede ser más fácil ser empático, ya que ha sentido diferentes emociones como resultado de las diferentes situaciones.

Lo más probable es que no haya vivido todo lo que su pareja ha experimentado, pero todavía es posible comprender de dónde viene. Una manera en que usted podría intentar hacer esto es identificando la emoción que él/ella está sintiendo sobre una situación. Por ejemplo, si su pareja fue despedida -aunque usted nunca haya experimentado específicamente haber sido despedido antes- probablemente haya sido rechazado de alguna forma en su vida. Pensar en términos de emociones puede hacer más fácil el sentir empatía hacia su pareja. Pensar en el momento en que sintió una emoción podría ayudarle a entender mejor de dónde viene su pareja, incluso si lo que él o ella está diciendo o haciendo no tiene mucho sentido lógico para usted.

Quiero aclarar que mostrar empatía o validación no significa que usted está de acuerdo con el **por qué** su pareja hizo algo, o que le permite herir sus sentimientos. Tener empatía simplemente significa que, dada la personalidad, los sentimientos, los pensamientos, las experiencias y la percepción de su pareja acerca de una situación, usted podría entender por qué él/ella piensa o hace lo que dijo o hizo. En otras palabras, usted puede ponerse en los zapatos de su pareja, basado en su experiencia (la de su pareja) de vida, no la suya. Esto puede ser un desafío, especialmente cuando hay muchas emociones involucradas, incluyendo el sentirse herido por su pareja.

Sin empatía, las relaciones serían extremadamente difíciles; tener empatía hacia otros que nos rodean puede ayudarnos a determinar el éxito en diferentes aspectos de la vida, hasta las relaciones en el lugar de trabajo (Goleman 2005). Anteriormente, en el capítulo 3, mencioné cómo la empatía con quien lo hirió es parte del proceso de perdón. Más aún, pensar en las experiencias dolorosas de su pareja, deficiencias, limitaciones y miedos podría ayudarlo a entender sus acciones, pensamientos y sentimientos, incluso si no está de acuerdo con el resultado causado por ellos.

Tener empatía hacia su pareja definitivamente puede ayudarle a disminuir las reacciones agresivas hacia esta, pero si no está comunicando esta empatía, ¿cómo se puede saber que al menos está tratando de mejorar las cosas? La empatía se puede comunicar de diferentes maneras, comenzando con una simple mirada, con un abrazo o incluso con un toque, dependiendo de la situación y el ambiente en el que están. Por ejemplo, si está desayunando con su pareja y suegros; usted oye a su suegra decir a su pareja, "¿cuándo vas a empezar a perder peso?" Tal vez usted es consciente de los esfuerzos de su pareja y las dificultades en esta área, por lo que puede sentirse triste por su pareja e incluso enojado con su suegra. Una mirada hacia su pareja o agarrar su mano puede comunicar la empatía que siente en ese momento sin la necesidad de ninguna palabra. Cuando usted es el que está en conflicto con su pareja puede tomar una explicación más compleja para hacerle saber cómo se siente.

Recuerde, **la validación** es la comunicación de empatía o comprensión y aceptación para su pareja. Los beneficios de la validación han sido identificados como (Fruzzetti 2006):

- Mejora la comunicación

- Calma emociones fuertes durante conflictos

- Disminuye o invierte reacciones negativas

- Crea confianza y cercanía entre usted y su pareja

- Establece sus esfuerzos para ser una persona respetuosa

- Mejora el auto-respeto

¿QUÉ ES VÁLIDO?

Usted puede estar preguntándose: ¿cómo puedo validar a mi pareja si no estoy de acuerdo con ellos, o su interpretación de los eventos? Tenga en cuenta que al validar no está diciendo que su pareja tiene razón y que usted está equivocado. Es simplemente dejar que su pareja sepa que, dados los hechos presentados, usted podría entender por qué él o ella llegó a esa conclusión. Echemos un vistazo a los siguientes puntos para ayudarte a entender mejor qué validar (Fruzzetti 2006):

- La validación es acerca de LO QUE ES REAL para su pareja. Independientemente de las opiniones, lo que su pareja siente o piensa es real para él o ella; hay una razón para ello en su mente. Si su pareja le dice que se siente frustrado por tener que cancelar su noche de citas y usted responde con "no debería sentirse triste, lo haremos otra vez en un par de días", a pesar de sus esfuerzos y buena fe para reparar la situación, está invalidando los sentimientos de tu pareja porque ya se siente frustrado, y eso es REAL. La realidad es lo que se experimenta, por lo tanto, es lo que es real.

- Lo que su pareja experimenta bajo una circunstancia particular es lo que muchas personas podrían pensar, sentir o querer hacer. Por ejemplo, si usted llega tarde y su pareja no sabe dónde está porque no han hablado en todo el día, es natural que se preocupe. Como resultado, puede llamar varias veces, o incluso llamar a otros que pueden saber dónde está si usted no responde. Muchas personas lo harían.

- Emociones - todos las tenemos, positivas y negativas. La validación de las emociones es un signo de aceptación hacia su pareja, cualesquiera que sean esas emociones, y como sea que surgieron.

- Deseos - independientemente de si es posible o no, su pareja tiene deseos y anhelos. Esto le permitirá proporcionar lo que su pareja quiere si es posible, o consolar a su pareja si lo que él o ella quiere no es posible en la actualidad, o en el futuro. Aprender sobre lo que su pareja desea le ayuda a conocer a su pareja más íntimamente.

- Las creencias y las opiniones son muchas veces diferentes de un individuo a otro. Validar las opiniones y creencias de su pareja puede demostrar respeto por su ser, ya sea que esté de acuerdo o en desacuerdo. Lo que su pareja piensa es real, reconocer que lo es también es una manera de disminuir la actitud defensiva en una situación dada, especialmente si su pareja es apasionada acerca de su opinión.

- Las acciones son importantes de validar, especialmente lo que su pareja está haciendo bien. A todos nos gusta ser reconocidos por nuestros esfuerzos.

• Validar el sufrimiento de su pareja muestra cuidado, comprensión y aceptación. Muestra su disposición a compartir un momento triste para ayudar a aliviar las preocupaciones y ansiedades de su pareja y hacer que el sufrimiento sea un poco más fácil.

¿CÓMO VALIDA A SU PAREJA?

Hasta ahora, puede haber adquirido una comprensión de la importancia de la validación y por qué vale la pena trabajar en ella. Pero, ¿cómo validamos? Aquí hay 7 pasos que puede tomar para ayudar a validar a su pareja (Fruzzetti 2006):

1. **Demuestre que está prestando atención y escuche activamente**. ¿Recuerda en el capítulo 4 cuando presenté técnicas de comunicación? Entre las habilidades de escucha activa estaba la validación. Cuando usted escucha lo que su pareja está tratando de decir, está demostrando respeto, pero lo más importante es que está mostrando que le importa. Tenga en cuenta que mientras escucha a su pareja, los juicios y la actitud defensiva van a trabajar en contra de sus esfuerzos, así que trate de mantenerse consciente y objetivo mientras escucha. Por ejemplo, si su pareja está hablando, evite mirar la televisión o revisar su teléfono, ya que estas acciones pueden comunicar que lo que su pareja tiene que decir no es importante para usted.

2. **Reconozca la experiencia de su pareja,** lo que él o ella está haciendo, diciendo, sintiendo, pensando o deseando. Esto es especialmente importante cuando no está de acuerdo con su pareja, ya que puede aumentar las posibilidades de que ellos traten de entender su punto

también. Esto se puede hacer si su pareja se acerca a usted acerca de una situación, o si usted observa algo. Por ejemplo, si nota que su pareja está callada y parece distante de usted después del trabajo, puede decir: "Me di cuenta de que estás tranquilo y pensativo, pareces estresado. ¿Está pasando algo?" Esto puede llevar a una conversación adicional sobre lo que su pareja está experimentando.

3. **Haga preguntas para aclarar su comprensión.** En sus esfuerzos por validar a su pareja, será útil comprender realmente lo que su pareja está tratando de decir, de lo contrario puede parecer despectivo o insincero. Ejemplo: "¿Estás decepcionado porque llegué tarde, o porque me olvidé de recoger la leche?" Hacer preguntas también puede ayudarle a evitar hacer suposiciones y saltar a conclusiones incorrectas si no está seguro de lo que su pareja está tratando de comunicar hacia usted verbalmente (o no verbalmente).

4. **Trate de entender los problemas o errores de su pareja en un contexto más amplio.** Trate de sentir empatía con los sentimientos y deseos detrás de las acciones de su pareja. Por ejemplo, si su pareja abandona impulsivamente su trabajo después de sentirse miserable durante meses, puede estar bastante molesto (entendiblemente) ya que sus acciones pueden ser perjudiciales para la estabilidad financiera de su hogar. Empatizar con los sentimientos que llevaron a su pareja a actuar impulsivamente no significa que esté de acuerdo con las consecuencias, pero puede ayudarle a discutir el impacto de las acciones de su pareja. Muchas veces, si su pareja comete un error o crea consecuencias negativas que lo afectan a usted o a toda la familia, es más probable que él o ella ya lo sepa y pueda estar experimentando culpa como resultado. Suponer que

su pareja no se preocupa por usted o su familia creará aún más sufrimiento para ambos, especialmente si no se discute. La validación de la experiencia de su pareja puede ayudar a facilitar una transición de un punto de conflicto a una resolución del problema.

5. **Trate de comprender las razones históricas de las experiencias actuales.** Trate de pensar en todas las experiencias que moldearon a su pareja, buenas y malas, en un esfuerzo por tratar de entender las reacciones presentes, incluso cuando no tienen ningún sentido. Trate de asumir lo mejor y dele el beneficio de la duda antes de tener la oportunidad de hacer preguntas para ayudarle a aclarar su comprensión. Por ejemplo, si su pareja es sensible a reacciones negativas, trate de recordar lo que sabe acerca del pasado de su pareja que conduce a sus reacciones de hoy. Tal vez él o ella creció siendo constantemente criticado por sus padres, o fue abusado de alguna forma. Recuerde, antes de hacer acusaciones, piense en las experiencias pasadas de su pareja.

6. **Encuentre el "por supuesto" en su experiencia.** A veces su pareja actuará de manera que -aunque quizá no le guste- tiene sentido, al menos en un contexto general. Si su pareja ha trabajado muy duro para obtener una promoción y le dan la promoción a un colega, está destinado a causar frustración, para cualquier persona.

7. **Permítase ser tan vulnerable como su pareja.** En momentos de tensión, ambos compañeros experimentan emociones intensas. Puede ser fácil ceder a sus instintos defensivos, pero esto normalmente sólo empeorará la situación. Permitir expresar sus necesidades y sentimientos cuando su pareja también está tratando de hacer lo mismo puede ayudarle a

darse cuenta de que probablemente ambos sienten o quieren algo muy similar. Por ejemplo, si su pareja está pidiendo pasar más tiempo con usted, y usted ya tiene planes de salir con sus amigos, él/ella puede decir "echo de menos pasar tiempo juntos". Piense en sus propios objetivos y deseos con respecto a su relación. Lo más probable es que usted también eche de menos pasar tiempo con su pareja, pero debido al trabajo, la rutina y los horarios puede ser difícil. Si simplemente dice "yo también" podría abrir una oportunidad para compromisos, y conducir a una discusión productiva de cuándo pueden pasar tiempo juntos.

Recuerde, la validación es una forma de comunicar la empatía, pero también la aceptación hacia su pareja. Al intentar validar tenga en cuenta que no tiene que ser acerca de encontrar una solución a un problema. La validación puede ser un desafío en medio de un desacuerdo con su pareja. Es posible que no vea los resultados inmediatos de sus esfuerzos, pero quizás pueda comprometerse a probar "La Regla de Validación de Tres" (Fruzzetti 2006). Si usted puede encontrar la voluntad y el coraje de validar tres veces consecutivas ante la invalidación de él/ella, su pareja casi siempre saldrá de la actitud "ofensiva" y la reacción negativa hacia usted comenzará a disminuir.

Después de que Eduardo y Andrea aprendieron la importancia de la validación y los pasos necesarios para validarse mutuamente, sus conversaciones pasaron de la frustración y la derrota a la comprensión y el reconocimiento. Así sonaban sus conversaciones posteriores:

> Andrea: A veces me siento insignificante en tu vida, como si no te importara.
> Eduardo: ¿Qué quieres decir? Por supuesto que me preocupo por ti. Me importas mucho.

Andrea: ¿Te importo?

Eduardo: Sí. Qué pena que te sientas así. Nunca es mi intención que te sientas insignificante (validación). Tal vez necesito trabajar para mostrarlo más a menudo.

Andrea: Me gustaría eso.

Eduardo: Muchas veces supongo que prefieres pasar tiempo con los niños en vez de conmigo.

Andrea: Me gusta cuando pasamos tiempo juntos en familia, pero no es lo mismo que pasar tiempo tú y yo. Además, como estás tan ocupado, siento que tengo que compensar y darles atención extra a los niños para que no te extrañen.

Eduardo: Eso es comprensible. Tal vez todos podamos ir a la playa este fin de semana y tú y yo podemos salir por la noche juntos.

Andrea: Me gusta tu plan. Voy a conseguir una niñera.

Eduardo: Suena bien. Te amo.

Otros ejemplos de validación podrían sonar así:

Puedo ver que estás molesto por esto.

Entiendo por qué estás decepcionado.

Parece que estás triste por esto.

Qué situación tan difícil.

Sé lo mucho que esto significa para ti.

Qué enredo.

Qué frustrante.

Espero que después de leer estos pasos para ayudarle a validar a su pareja, tenga una mejor idea de la importancia de la validación en su relación. Recuerde que el intentar estas técnicas y experimentar los resultados que traen, podría ayudarle a maximizar la eficacia en su relación. Practique, practique, practique, es lo que le dará la confianza para mejorar.

¿QUÉ SUCEDE SI USTED HA SIDO INVALIDADO POR LARGOS PERÍODOS DE TIEMPO?

Esta es una pregunta real, ya que muchos individuos se sienten invalidados durante años, y pueden concluir que no hay vuelta atrás. Es comprensible sentirse desmotivado para hacer cualquier cambio para mejorar su relación si ha sido invalidado por un largo período de tiempo. Más aún, puede sentir que nada de lo que hace o dice es lo suficientemente bueno para su pareja debido a esta invalidación. Comprometerse a hacer cambios, así como mantener una meta a largo plazo de tener una relación de amor donde ambos se sienten amados y apoyados podría ayudarle a mantenerse enfocado. Durante una discusión, usted puede sentir la necesidad de defenderse de un ataque percibido, pero esto sólo creará agresividad y alimentará más ataques de venganza del uno al otro. Pensar por qué está en una relación con su pareja (y sus maravillosas cualidades) puede ayudarle a mantenerse enfocado en sus esfuerzos de validación mutua para tener el amor y el apoyo que desean el uno por el otro.

En sus esfuerzos por mejorar su relación es importante que aprenda a validarse a usted mismo, especialmente si su pareja no sabe cómo validarlo. La lista anterior que se presentó en este capítulo sobre cómo validar a su pareja también puede utilizarse para validarse a usted mismo. Si espera que su pareja le valide sin aprender a validarse usted, probablemente experimentará mucha decepción y frustración, ya que no hay garantía de que su pareja quiera (o aprenda) a validarlo, pero usted sí puede hacerlo. Además, si usted aprende a validarse a sí mismo, será más fácil aprender a validar a su pareja ya que estará practicando.

Aprender a aceptar las cosas como son, y no necesariamente como usted quiere que sean, puede ayudarle a pasar de la frustración a una resolución eficaz de los problemas. Puede preguntarse "¿Por qué mi pareja no actuó de manera diferente?" "¿Por qué tengo que hacer todo el trabajo?", "¿Por qué mi pareja no puede hacer nada al respecto?" Este tipo de pensamiento (especialmente preguntas a las que usted no tiene una respuesta, o su pareja no pueda tener una respuesta para usted) sólo lo mantienen atascado en el dolor y el sufrimiento que se ha causado. Trate de mantenerse enfocado en **lo que es y lo que se PUEDE hacer,** como la Oración de la Serenidad. En un mundo ideal su pareja podría haber actuado de manera diferente; él o ella podrían poner mucho trabajo y esfuerzo en su relación, pero puede que ese no sea su caso y usted no pueda cambiarlo, gústele o no.

¿PUEDE REPARAR EL DAÑO QUE SE HA HECHO?

¡La respuesta es sí! En primer lugar, y lo más importante, usted tiene que encontrar la motivación para reparar su relación y para validar. Piense en su objetivo final de tener una relación amorosa, cariñosa y de apoyo. Concéntrese en las cualidades positivas que le atrajeron de su pareja. Puede que tenga que pensar en estas diariamente con el fin de mantener su motivación. Saber cómo y cuándo reparar la invalidación también es importante. Mantenga eso en mente:

- Los intentos de reparación durante una discusión pueden ser desafiantes ya que hay muchas emociones intensas que se interponen en el camino. Espere hasta que su emoción haya disminuido para validar o hacer una reparación de la invalidación. Discutiré la regulación emocional en el Capítulo 7.

- Escoja un buen momento, para que otras cosas no lo distraigan a usted o a su pareja.

- Sea específico sobre la situación que desea reparar.

- Tenga en cuenta el impacto de la invalidación en usted o su pareja.

- Permita que su pareja experimente y exprese sentimientos sobre la invalidación, incluso si no le gustan.

- Comprométase con usted mismo y con su pareja a trabajar en el autocontrol.

Practique estas técnicas de validación y tenga en cuenta los resultados que obtiene; Al practicar estas técnicas recuerde la "regla de tres" antes mencionada, valide tres veces consecutivas ante la invalidación para obtener mejores resultados.

Capítulo 6
DESEOS Y NECESIDADES

"Así es como dicen: Él te ama a su manera. Bueno, ¿qué hay
de mi manera? ¿Y si necesito que me ame a mi manera?"
– Tammara Webber, *Entre Las Líneas*

Todos tenemos cosas que queremos de la vida, de los que nos rodean, del futuro, pero especialmente de nuestras parejas. Como mencioné antes, la mayoría de las personas tienen necesidades básicas en las relaciones que normalmente caen bajo las categorías de **seguridad**, confianza y conexión. Las necesidades de seguridad son más qué sólo seguridad física, también abarcan aspectos económicos, sociales, vocacionales y psicológicos. Si faltan en su relación, es más probable que se sienta inseguro y desprotegido (Maslow 1987) en su vida cotidiana (y en su relación, naturalmente). La necesidad de **confianza** se refiere a su pareja, su relación y su futuro juntos (adaptado de la teoría del Apego en el Capítulo 1). Las necesidades de **conexión** son acerca del vínculo con su pareja, de compartir momentos y la unión. No hay una necesidad más importante que otra, todo depende de cuáles son sus prioridades en una relación. Usted y su pareja no tienen que compartir las mismas necesidades, siempre y cuando usted pueda aprender y definir claramente las necesidades de su pareja, puede intentar cumplirlas. Cuando sus necesidades en una relación no se cumplen, sentirá un vacío. Este vacío puede llevarlo a sentirse infeliz, y su relación estará más vulnerable a aventuras y romances (físicos o emocionales) fuera de su relación.

Muchas veces, encuentro individuos que no saben cómo pedir lo que quieren o necesitan, quizás porque tienen poca experiencia en recibirlo, o tal vez porque simplemente lo esperan. Hablaré más sobre las expectativas más adelante en este capítulo. Recuerde que sus experiencias en la vida son un factor en su capacidad de pedir lo que quiere, así como su personalidad. Aquí hay algunas realidades sobre deseos o necesidades en las relaciones (Linehan 1993):

1. Está bien querer o necesitar algo de alguien más.

2. Usted tiene la opción de pedirle a alguien lo que quiere o necesita.

3. Usted puede sobrevivir si no obtiene lo que quiere o necesita.

4. El hecho de que alguien diga que no a su solicitud no significa que usted no debería haber preguntado en primer lugar.

5. Si usted no consiguió su objetivo, eso no significa que usted no lo hizo de una manera eficaz (aunque puede ser posible).

6. Puede insistir en sus derechos y seguir siendo una buena persona.

7. Usted puede entender y validar a otra persona, mientras pide lo que quiere.

Si se encuentra en desacuerdo con cualquiera de estas declaraciones, probablemente experimente angustia dentro de sí mismo y en su relación. Si usted no sabe cómo pedir lo que quiere (o se siente incapaz de preguntar), puede dudar del amor o cuidado que le tiene su pareja. Curiosamente, también puede sentir lo mismo si pide lo que necesita y su pareja no es capaz de complacerlo. La diferencia es que en este último, usted está dándole a su pareja la oportunidad de complacerlo - al contrario de la primera, donde su pareja no puede saber lo que usted quiere. Piense en esto: su pareja puede estar poniendo un montón de esfuerzo en complacerlo, pero no saber si funciona ya que lo está haciendo a ciegas. No hace falta decir, que es importante que aprenda a afirmar sus necesidades de una manera efectiva, no demasiado suave, ni demasiado fuerte. La siguiente técnica fue diseñada por Marsha Linehan (1993) y es muy efectiva en los esfuerzos por preguntar lo que necesitamos, se la enseño a mis clientes a menudo.

Describa los HECHOS sobre la situación.

Exprese sus sentimientos y pensamientos sobre la situación.

Afirme sus deseos y anhelos.

Refuerce con consecuencias.

Manténgase atento evitando las distracciones.

Parezca seguro.

Este dispuesto a negociar.

En mi experiencia esta es una técnica muy poderosa que puede usar para preguntar por lo que quiere, o cuando tiene que decir NO a una solicitud no deseada. Echemos un vistazo a cómo usar esta técnica en un poco más de detalle.

DESCRIBIR los hechos de una situación es una gran

introducción a cualquier conversación, ya que está basando su solicitud en eventos reales. Quiero aclarar que los hechos no son sus opiniones o sentimientos, que también son importantes (el siguiente paso), sino los eventos que han tenido lugar. Lo que se dijo y/o hecho, lo que motivó su solicitud. Los hechos no son discutibles, son la realidad. No se trata de *por qué, sino de lo que ocurrió*. Asegúrese de que usted sea objetivo y use declaraciones sin prejuicios. Ejemplo: "Esta es la tercera vez esta semana que has llegado tarde".

EXPRESAR sus sentimientos y pensamientos sobre la situación usando el "yo" en vez de declaraciones de "tu" (refiérase al capítulo 4 sobre la comunicación). Trate de mantenerse alejado de usar la ira y la frustración al describir sus sentimientos, ya que estos suelen comunicar agresividad. Sea consciente de emociones más profundas, ya que la ira y la frustración suelen ser emociones secundarias al dolor, la decepción, la tristeza, la soledad, el miedo, la culpa, etc. Describa cómo se siente o lo que cree sobre la situación. No espere que su pareja lea su mente. Ejemplo: "Es muy difícil para mí cuando te quedas tarde en el trabajo, te extraño mucho. Entiendo que tiene proyectos para completar; solo es difícil para mí".

AFIRME lo que quiera o necesite de su pareja. Asegúrese de que usted sea específico, y de detalles e instrucciones sobre lo que quiere. Su pareja no es telepático; Cuanta más información proporcione, menos espacio habrá para las suposiciones sobre lo que usted desea, y habrá una mejor oportunidad para que obtenga lo que de verdad quiere. Manténgase alejado de palabras como "debería" o "tiene". El objetivo es llegar al punto y comunicarlo de una manera asertiva. Ejemplo: "Me gustaría que pasáramos más tiempo juntos. ¿Podemos planear algo para este fin de semana?

REFUERZE dejando que su pareja sepa los efectos positivos de darle lo que usted quiere o necesita. Este es el paso más importante para esta técnica. Aquí, le está diciendo a su pareja cómo podría él/ella beneficiarse haciendo lo que usted está pidiendo. Es como si estuviera vendiendo su idea. Este paso hará que su solicitud sea aún más deseable y atractiva para su pareja. Ejemplo: "Me sentiré mejor y podríamos sentirnos más cerca después de pasar algún tiempo juntos. Gracias por entender".

Manténgase **ATENTO** a su solicitud, esto significa que se concentre en su solicitud, y nada más. Evite reciclar argumentos del pasado. Puede ignorar los intentos de su pareja para distraerlo de su solicitud; sólo empiece de nuevo con la repetición de hechos, expresando sentimientos, afirmando sus deseos, y el refuerzo.

PAREZCA SEGURO con su lenguaje corporal, expresiones faciales y tono de voz. Si usted habla demasiado bajo no va a sonar confiado. Si habla demasiado alto, puede parecer enojado. Asegúrese de mantener el contacto visual y una postura recta.

Esté dispuesto a **NEGOCIAR** si su pareja se niega a darle lo que quiere. Utilice este paso sólo si es necesario. Recuerde que no hay garantía de que obtendrá lo que quiere, pero tal vez todavía puede obtener algo o parte de lo que quiere. Evite tener una postura de "todo o nada". Anime a su pareja a ser empática preguntándole "¿Qué harías si fueras yo?" o "¿Cómo lo harías tú?"

Al igual que cualquier técnica que usted aprenda, tiene que practicarla para asegurarse de que funcione para usted. Cuanto más practique, más confiado se sentirá al usar la técnica. Le sugiero que intente utilizarla haciendo pequeñas peticiones a otros, no sólo a su pareja. Una vez que usted se sienta más cómodo usando esta estrategia, podrá utilizarla para una petición más importante durante una situación difícil.

EXPECTATIVAS

A veces las expectativas se pueden confundir con deseos y necesidades. Las expectativas y los deseos pueden parecer similares, pero no lo son. Las expectativas son una fuerte creencia de cómo las acciones o los acontecimientos **tienen** que ocurrir, y si no suceden de esa manera será devastador. Por otro lado, querer es el deseo de que una acción o un evento ocurran. Las expectativas son menos flexibles que los deseos, ya que generalmente restringen sus opciones o posibles resultados para una situación. Las expectativas son un enfoque de "todo o nada" a la vida, y ese tipo de pensamiento puede producir sentimientos de tristeza y ansiedad con respecto a su relación, a usted mismo y a su futuro (ver el capítulo 7 para más información sobre los pensamientos blanco y negro).

Las expectativas pueden traer mucha decepción, particularmente cuando usted cree que otros las comparten o las compartirán en el futuro, pero no lo hacen o no lo harán. Esta creencia puede traer sentimientos de dolor, frustración, estrés e incluso ira hacia su pareja. Cuantas más expectativas tenga de los demás, mayores serán las probabilidades de que lo decepcionen. Esta declaración puede sonar confusa e incluso extraña para algunos, porque es una práctica bastante común tener expectativas de los demás, especialmente de su pareja. La realidad es que usted no puede hacer que su pareja haga algo; él o ella debe elegir hacerlo. ¿Preferiría que su pareja haga algo porque está obligado a hacerlo, o porque quiere complacerlo como resultado del amor que tiene por usted?

Así que hay una diferencia entre pedir lo que se quiere y esperar que su pareja le dé lo que quiere porque él o ella "debería" hacerlo. También hay una diferencia entre lo que es una **prioridad** para usted y lo que es una prioridad para los demás. Esperar que otros tengan prioridades similares a las nuestras puede ser una receta para la decepción. En un esfuerzo por evitar más decepciones, dolor, estrés, frustración, ira y tristeza, sugiero reducir algunas expectativas, especialmente las que lo decepcionan una y otra vez. Por supuesto, esto es más fácil decirlo que hacerlo. Muchas personas vienen a la terapia en un esfuerzo por dejar de lado sus expectativas y aprender a identificar las creencias donde estas expectativas están arraigadas. Usted puede aprender nuevas maneras de comunicar sus necesidades y deseos a sus seres queridos sin la expectativa que está creando sentimientos de dolor y enojo.

Muchas veces, sus intentos de pedir lo que quiere o desea son percibidos por su pareja como expectativas u órdenes. Ellos pueden estar sintiendo que no tienen otra opción que darle lo que quiere. Su pareja puede estar describiendo sus solicitudes como controladoras, mandonas o autoritarias, o como si usted estuviera hablando con ellos como si fueran niños. Si sus intenciones son pedir lo que quiere, y usted ha notado que su pareja percibe sus peticiones como órdenes, esto puede conducir a respuestas agresivas o defensivas. Le sugiero que preste atención a su comunicación, a lo mejor las palabras que está usando pueden estar enviando el mensaje de que sus peticiones son órdenes y no deseos. Palabras como *debe, no debe, tiene que, tendría que y debería ser* comunican expectativas y órdenes. Sugiero que usted trabaje en sustituir estas palabras por: preferiría, quiero, deseo, o anhelo. Al leer estas palabras puede estar pensando, "¡pero eso es lo que quiero decir!" Y creo que este es el caso. Desafortunadamente, su pareja puede no estar viendo esto, porque él o ella, no puede ver sus intenciones, solo puede ver sus acciones (lo que usted dice o hace). Al evitar palabras de mando y utilizar la técnica de comunicación anterior puede aumentar sus posibilidades de ser percibido como si estuviera haciendo una solicitud, en lugar de exigir que las cosas tienen que suceder de cierta manera.

El siguiente es un ejemplo de un caso en el que las expectativas estaban creando mucha decepción e inseguridad en una relación:

Mark hizo una cita de terapia porque estaba frustrado y no se sentía amado. Él me informó que su novia de tres meses estaba muy ocupada con el trabajo, los amigos, la familia, el ejercicio, etc. Dijo que cuando se conocieron por primera vez, ella no estaba trabajando, pero que recientemente consiguió un trabajo y las cosas comenzaron a cambiar. Le pregunté si era la primera vez que esto le sucedía en sus relaciones, y él respondió que no. Mark dijo que había tenido otra relación seria donde ocurrió lo mismo. Al parecer, en el comienzo de ambas relaciones todo era genial; Pasaban casi todo su tiempo libre juntos y hablaban del futuro juntos, pero con el paso del tiempo las cosas cambiaron rápidamente. De repente, la relación cambió y él empezó a sentir que estaba invirtiendo su tiempo y sentimientos en una relación que era unilateral porque no sentía que su novia estaba invirtiendo tanto como él. Mientras escuchaba a Mark, no podía dejar de preguntarme qué clase de expectativas tenía para sus parejas. Así que le pregunté: ¿Qué podría hacer su novia para hacerle saber que ella estaba dedicada en la relación? Mark respondió rápidamente, con una mirada de sorpresa, que sería feliz si sólo pasaran más tiempo juntos. Cuando le pregunté a Mark "¿cuánto tiempo?" Él no estaba seguro de la respuesta, y más tarde me informó de que al menos una hora de tiempo de calidad juntos por día lo haría más feliz. Aunque la necesidad de Mark de pasar tiempo de calidad le ayudaría a sentirse amado, la cantidad de tiempo que espera no tiene que ser la misma que su novia puede o es capaz de darle. En este caso, conseguir un trabajo era una gran prioridad para su novia, especialmente después de estar desempleada durante un tiempo. Si recuerda las necesidades en las relaciones que mencioné anteriormente en este capítulo, puede notar que Mark y su novia parecían tener diferentes necesidades.

Para ella, la seguridad parecía ser importante, y para él era la conexión. Uno no es más importante que el otro, pero si uno no se da cuenta de lo que quiere y necesita su pareja, ¿cómo puede ayudarle a cumplirlas? Si su pareja no sabe cuáles son sus deseos y necesidades, ¿cómo pueden cumplirlos? Cuando le expliqué a Mark que parecía que él esperaba que su novia pusiera énfasis en su necesidad de conectarse, pero al hacerlo no estaba apoyando a su novia en sus necesidades. Usted puede ser un ejemplo a seguir para su pareja, en el sentido de que si está dispuesto a respetar y aceptar las necesidades de su pareja y ayudar a cumplirlas, su pareja a su vez puede hacer lo mismo por usted. Si espera que su pareja dé el primer paso, puede esperar mucho tiempo... pero si asume la responsabilidad y da el primer paso, está moviendo su relación hacia el cambio y el mejoramiento.

Capítulo 7

EMOCIONES

"No quiero estar a merced de mis emociones. Quiero usarlas, disfrutarlas y dominarlas."
– Oscar Wilde, *El Retrato de Dorian Gray*

Las emociones son una parte interminable de nuestras vidas. Siempre han estado allí, y siempre estarán. Las emociones juegan un papel importante en nuestras vidas, especialmente en nuestras relaciones. ¿Recuerda el comienzo de su relación, y lo que sintió durante su primera cita, su primer beso, la primera vez que tuvo relaciones sexuales, el momento en que se enamoró? Probablemente sintió excitación, nervios, felicidad, más que nada emociones positivas. A medida que pasa el tiempo y se llega a conocer a su pareja y sus imperfecciones, pueden estar en desacuerdo y discutir a menudo. Las emociones que resultan con frecuencia son la ira, la frustración, la tristeza y la culpa, también referidas como emociones negativas. Quiero aclarar que las emociones no son necesariamente negativas o positivas. En su mayoría se describen de esa manera debido a la comodidad o malestar que nos traen. Puede que le guste sentirse feliz y emocionado (positivas), pero a nadie le gusta sentir tristeza, ira, frustración, miedo y culpa; De ahí la etiqueta de "negativas".

Quiero que piense en lo que ha aprendido acerca de las emociones durante sus experiencias de vida: ¿qué le han enseñado que debe hacer o no hacer? ¿Habló de sus emociones al crecer? No es raro que haya sido condicionado para evitar las emociones por completo. Muchas personas nunca aprendieron a hablar de ellas o expresarlas. Lo cierto es que tenemos emociones y que las experimentamos todo el tiempo. Aquí están algunos mitos comunes sobre las emociones que usted puede haber interiorizado (Linehan 1993):

1. Hay una manera "correcta" de sentir acerca de cada situación.

2. Demostrar cómo me siento es una forma de debilidad.

3. Los sentimientos negativos son malos y destructivos.

4. Ser emotivo significa estar fuera de control.

5. Las emociones pueden suceder sin razón alguna.

6. Algunas emociones son realmente estúpidas.

7. Todas las emociones dolorosas son el resultado de una mala actitud.

8. Si otros no aprueban mis sentimientos, obviamente no debería sentirme así.

9. Otras personas son el mejor juez de cómo me siento.

10. Las emociones dolorosas no son tan importantes y deben ser ignoradas.

Las declaraciones anteriores son falsas. Sin embargo, si usted se encuentra de acuerdo con cualquiera de estas declaraciones le animo a trabajar en desafiarlas o demostrar que estas afirmaciones son incorrectas, porque probablemente están causando angustia dentro de su mente y en su relación. Desafiar las declaraciones que usted cree que son ciertas puede ser difícil, pero aprender a desafiar estas expectativas poco realistas puede hacer una diferencia mensurable en cómo se siente respecto a usted mismo y su pareja. Las percepciones, los pensamientos, las suposiciones, las creencias, los valores, las actitudes y las filosofías presentes de un individuo pueden ser racionales o irracionales, lo que puede provocar respuestas emocionales automáticas hacia sí mismo y hacia los demás (Beck, 2005, Ellis, 1973).

Sus sentimientos son el resultado directo de sus pensamientos, creencias o valores (Beck 2005). Por ejemplo, si usted está cargando bolsas pesadas y está tratando de entrar en la casa, pero su pareja lo nota y le ayuda, usted podría pensar "Qué bueno que él/ella haga esto" y como resultado sentirse feliz o agradecido. Por otro lado, si usted piensa que "esto es lo menos que él/ella puede hacer después de que tuve que ir a la tienda yo solo", puede sentirse frustrado, molesto, enojado, etc. Me gustaría compartir con ustedes algunos pensamientos negativos comunes que suelen dar lugar a sentimientos de ansiedad o depresión, y lo que significan. El siguiente gráfico fue diseñado por Arthur Jongsma (2007), el cual he adaptado para reflejar las interacciones de pareja:

Tipo de pensamiento	Definición	Ejemplo	Sentimientos / Emociones que resultan
Blanco y Negro	Ver situaciones, personas o a uno mismo como totalmente malo o totalmente bueno, nada en el medio.	Su pareja le dice que prefiere que llame durante horas no laborables. Piensas que "Él/ella odia cuando lo/la llamo".	Tristeza Decepción Frustración Dolor

Exagerar	Hacer declaraciones autocríticas u otras críticas que incluyen términos extremos como nunca, nada, todo, o siempre.	Su pareja se olvidó de invitarlo a asistir a una cena de trabajo. Usted piensa: "él/ella nunca me pide nada por adelantado".	Frustración Injusticia Decepción Presión
Descontar	Rechazar experiencias positivas como no importantes o insignificantes.	Su pareja complementa su apariencia. Usted piensa que "Él/Ella le dice eso a cualquiera".	Decepción Tristeza
Catastroficar	Asumir consecuencias esperadas fuera de proporción en una dirección negativa.	Su pareja dice: "Estoy teniendo problemas en el trabajo". Usted piensa "Te van a despedir".	Miedo Tristeza Tensión Presión
Juzgar	Ser crítico de sí mismo o de otros con un fuerte énfasis en el uso de palabras como: debe, debería, tiene, tiene que, no puede y no debe tener.	Su pareja se olvida de recoger la ropa en la tintorería. Usted piensa "Él/ella debería dejar de hacer eso".	Decepción Frustración Tristeza

Leer la mente	Hacer suposiciones negativas con respecto a los pensamientos y motivos de otras personas.	Pensar: "Sé que está haciendo esto para molestarme".	Enfado Frustración Dolor Tristeza
Predicción	Predecir qué acontecimientos resultarán mal.	Pensar: "Sé que él/ella estará enojado/a".	Dolor Decepción Tristeza Miedo
Los sentimientos son hechos	Debido a que se siente de cierta manera, la realidad se ve apropiado ese sentimiento.	Su pareja no ha mencionado planes para el fin de semana. Usted piensa "Él/ella debe pensar que soy aburrido/a".	Tristeza Soledad Dolor
Etiquetar	Referirse a sí mismo o a los demás con un mal nombre cuando le desagrada su comportamiento.	Su pareja no lava los platos. Usted piensa que "él/ella es tan vago/a".	Frustración Decepción Molestia Irritación

Estos tipos de pensamientos afectan la forma en que se siente respecto a usted mismo y a los demás. Para los propósitos de este libro me estoy enfocando en el impacto que estos patrones de pensamiento tienen en su pareja y su relación. Le animo a prestar mucha atención a sus pensamientos acerca de su pareja y ver qué tipo de sentimientos están resultando. Si observa que la mayor parte de sus pensamientos son negativos y que está teniendo sentimientos o emociones negativas como resultado de ello, trate de trabajar en la creación de pensamientos positivos hacia su pareja y vea cómo esto puede cambiar sus sentimientos. Una manera de practicar el cambio de sus pensamientos sobre su pareja de negativos a positivos es pensar en una cosa que su pareja está haciendo de la que usted está agradecido. Si puede pensar en más de una cosa, genial, pero si sólo puede pensar en una, está bien también, siempre y cuando empiece a practicar.

EJERCICIO

1. Enumere tres ejemplos de sus propios pensamientos que le llevan a sentirse enojado, frustrado o triste con su pareja.

   a. ¿Qué pasó? (Piense en los hechos de la situación)

   b. ¿Cuáles fueron los pensamientos negativos que tuvo acerca de la situación?

2. Después de identificar los pensamientos negativos sobre la situación, reemplace cada uno con un pensamiento más realista y positivo que puede ayudarle a sentirse mejor con su pareja. Refiérase a los ejemplos de arriba.

   a. ¿Qué pasó?

   b. Sustituya con pensamientos positivos

EMOCIONES DURANTE EL CONFLICTO

Se ha documentado que como seres humanos tenemos una reacción de "lucha o huida" (también descrita como una respuesta aguda al estrés), una reacción fisiológica que se produce en respuesta a un evento percibido como peligroso o dañino, un ataque, o amenaza de supervivencia (Cannon

1967). A pesar de que durante una discusión con su pareja usted no tiene que estar necesariamente bajo un ataque físico, es la percepción de estar bajo ataque que crea esta reacción instintiva de naturaleza fisiológica. Esta reacción puede crear mucha dificultad en sus intentos de resolver una situación y, posteriormente, empeorar las cosas ya que este instinto lo motiva a defenderse (lucha) o escapar (huida).

Piense en una situación difícil o un desacuerdo con su pareja. Como se mencionó anteriormente, es natural que sus emociones se vuelvan intensas y abrumadoras. Esta experiencia también se llama *inundación* (Ekman 1984), que se refiere a un estado interno de sentimiento abrumador como resultado de las emociones negativas de su pareja o sus propias emociones cuando su compañero le plantea un problema. Esto hace que sea casi imposible evitar volverse a la defensiva, o desear huir la situación (Gottman 2011).

Quiero que visualice la última vez que tuvo un desacuerdo con su pareja, un momento en el que usted o su pareja presentaron una situación difícil que condujo a un desacuerdo. En el momento en que oyó a su pareja decir algo incorrecto sobre usted o sobre su personalidad, lo más probable es que tuviera una necesidad o un impulso de hacer algo al respecto. Una teoría reciente también explica que las emociones nos motivan o nos preparan para la acción (Brehm 1999), lo que explica la necesidad de actuar o hacer algo como resultado de emociones intensas. Además, la emoción humana puede ser motivada automáticamente sin la participación de la consciencia o la elección (Bargh 1990), que tiene sentido, dado que muchas acciones tomadas como resultado de emociones intensas parecen suceder sin pensarlo. Cada emoción tiene impulsos de acción diferentes, y aquí hay ejemplos:

Ira: atacar verbalmente o físicamente, defender, gritar, lanzar cosas, etc.

Tristeza: permanecer en la cama, llorar, aislarse, hablar poco, moverse lentamente, etc.

Culpa: retirarse, esconderse, evitar, disculparse, intentar reparar el daño, etc.

Miedo: huir o escapar, esconderse, hablar menos, congelarse, llorar, temblar, etc.

Estas respuestas a las emociones son instintivas, como la lucha o huida discutida anteriormente, pero usted **no tiene** que actuar sobre estos impulsos. Al final, usted tiene la elección de actuar a pesar de los fuertes impulsos que lo motivan. Piense en los momentos en que sintió un impulso de gritar, pero no lo hizo porque era inapropiado para el lugar donde se encontraba. Este es un ejemplo de su capacidad para elegir sus acciones, independientemente del impulso emocional que sentía.

Las emociones fuertes como la ira y la frustración pueden ayudarle a superar los obstáculos en su mente y su entorno. Sus reacciones emocionales a otras personas y eventos pueden darle información sobre una situación. Las emociones pueden ser *señales o alarmas* de que algo está sucediendo. Sin embargo, esto es sólo una alarma, no una prueba de que algo puede estar pasando (a menos que obtenga más información que demuestre que esto es un hecho). Sin embargo, su deseo de actuar es inmediato a pesar de que sólo sea una señal. Recuerde, las emociones no son hechos, son señales para que usted obtenga más información sobre una situación.

Otro aspecto importante sobre las emociones es que son temporales. Estas varían en intensidad de baja a alta, y de alta hacia baja otra vez. Es simplemente cuestión de tiempo antes de que una emoción intensa disminuya. A veces el tiempo es todo lo que necesitamos para ayudarnos a controlar nuestras acciones. Durante una discusión, cualquier cosa que diga o haga puede afectar la situación para bien o para mal. Ser consciente de sus acciones es importante ya que pueden determinar el resultado de la situación. Si experimenta una emoción intensa, es más probable que actúe impulsivamente, porque las emociones intensas y los impulsos que traen pueden ser muy poderosos. En ese momento puede parecer como si sus emociones controlan sus acciones, pero no lo hacen. Usted tiene el control, aunque no se sienta así.

Aquí hay algunos consejos para ayudarle a regular una emoción intensa durante una situación emocional:

- Tome un "descanso" si sus emociones están llegando a un punto alto. Tomar una pausa durante una discusión puede ayudarle a aclarar su mente y reformular la situación, aclarar sus puntos y reconsiderar lo que su pareja está diciendo.

- Espere. Esperar plantear una situación difícil puede ayudarle de la misma manera que tomar un descanso. Dado que todas las emociones son temporales, esperar hasta que la intensidad de sus emociones baje le dará tiempo para recopilar información para presentar su punto de vista u opinión sobre un desacuerdo.

- Vaya a dar una vuelta por la manzana o haga algún tipo de ejercicio. La actividad física es un gran alivio para la ira y la frustración.

- Coloque un tiempo límite a sus argumentos. Hable con su pareja sobre cómo establecer un límite de tiempo para sus argumentos. Ambos tienen que estar de acuerdo en hacer cumplir esta regla.

- Respire profundamente y preste atención a su respiración. Este ejercicio puede ser muy eficaz para ayudarle a calmar su ritmo cardíaco y disminuir lentamente la intensidad de su emoción.

- Manténgase enfocado en su objetivo. Es fácil distraerse durante una discusión. Trate de mantenerse alejado de los argumentos del pasado, u otras situaciones que no tienen nada que ver con el punto original que estaba tratando de hacer. Elija un objetivo en ese momento para ayudar a su pareja a entender mejor lo que está tratando de decir. Demasiadas cosas pueden ser confusas y traer más emociones a la mesa.

Ser capaz de regular sus emociones durante una discusión o desacuerdo es imprescindible en su capacidad de comunicarse y actuar de una manera favorable hacia su pareja. También es importante que usted tome medidas regulares para reducir la probabilidad de emociones negativas (por ejemplo, la ira, la culpa, la tristeza) y los impulsos que vienen con ellas. Estos son algunos puntos de consideración para mantener un estado emocional saludable (Linehan 1993):

- **Trate cualquier enfermedad física.** Si experimenta dolor o cualquier síntoma de una enfermedad, es más probable que sea vulnerable al estrés. Por ejemplo, si usted tiene un dolor de cabeza, cualquier ruido fuerte va a ser molesto. No es la mejor idea entrar en ninguna discusión seria si usted está experimentando cualquier dolor o enfermedad, lo más probable es que su cuerpo y estado emocional trabajarán en contra sus esfuerzos.

- **Equilibre su alimentación.** Piense en lo fácil que puede molestarse si no ha tenido nada que comer durante todo el día. Reabastecer su cuerpo con los nutrientes necesarios que necesita para funcionar es imprescindible para ayudarle a lidiar con situaciones difíciles. Así que no plantee nada difícil si tiene hambre y no ha comido.

- **Estar bajo la influencia de sustancias** como el alcohol y las drogas (legales o ilegales) perjudica su capacidad para razonar o evaluar las posibles consecuencias de sus palabras, acciones y expresión de emociones. Permanecer lejos de sustancias intoxicantes es imperativo para sus esfuerzos.

- **Conseguir el sueño** que su cuerpo necesita es importante para su salud física y mental, así como su capacidad de lidiar con el estrés. Piense en lo difícil que puede ser pasar el día si no duerme bien la noche anterior. Así que asegúrese de dormir, y si no lo hace, probablemente no sea un buen momento para hablar de situaciones difíciles.

- **Cree experiencias más positivas.** A menudo las situaciones totalmente fuera de su control pueden causar que se sienta triste, pero usted puede crear experiencias positivas para sí mismo, incluso si realmente no se siente animado a hacerlo. Empújese y haga un esfuerzo para crear momentos positivos con los seres que ama. Esto puede ayudarle a equilibrar los eventos negativos (de los que tiene un control limitado) con eventos positivos en su vida.

Dos meses después de mudarme a una casa nueva, estaba cansada, abrumada y frustrada con lo que parecía una tarea interminable de desempacar. Este día en particular, no conseguí una noche de sueño completo la noche anterior y había estado trabajando en el patio toda la mañana y parte de la tarde. Mi esposo tenía su propia frustración con el desorden alrededor de la casa semanas después de la mudanza.

Mi esposo: Estoy cansado de que la casa sea un desastre. ¿Puedes deshacerte de algo de desorden y mantener este lugar organizado?

Yo: (Mi mente comenzó a correr con pensamientos y recuerdos de todo lo que había hecho para tener la casa organizada después de la mudanza. Comencé a sentirme menospreciada y herida de que mis efectos no fueran reconocidos.) Estoy constantemente tratando de hacer algo para mantener la casa organizada. Se siente como una batalla sin fin recoger, después de Lucas (nuestro hijo de 2 años) y tratar de mantener la casa organizada. Si me ayudaras más con él, tendría más tiempo de trabajar en la casa.

Mi esposo: ¿De qué estás hablando? (Invalidación) Acabo de cuidar a Lucas y lo alimenté mientras trabajabas en el patio. No se necesita mucho para cuidar de él.

Yo: Sí, lo hiciste hoy, pero estoy hablando del resto de la semana (invalidación). En ese momento me sentí abrumada con emociones sobre pensamientos y suposiciones de que yo no estaba haciendo lo suficiente.

Mi esposo: ¿Qué hay de mi trabajo limpiando, organizando el garaje y cuidando a Lucas mientras trabajas hasta tarde? Todo después de un día entero de trabajo, pero nunca es suficiente para ti, nada de lo que hago es suficiente.

Terminamos la conversación debido a las intensas emociones que ambos estábamos experimentando, que sólo estaban creando más hostilidad y no nos conducía a un lugar productivo. Entonces tomé una ducha, y mi esposo también tomó una ducha. Esto nos ayudó a relajarnos y me ayudó a reflexionar sobre el argumento. Me di cuenta de que ambos estábamos cansados y nos sentíamos menospreciados por nuestros esfuerzos. No había dormido lo suficiente la noche anterior y había estado trabajando en el jardín una gran parte del día, así que mi mente y cuerpo estaban agotados. Descansé por el resto del día, y en la noche me acerqué a mi esposo con la conversación que habíamos empezado antes.

Yo: Aprecio todo lo que haces alrededor de la casa (validación). Lo siento si te sientes despreciado, mi intención no es que te sientas así. Ambos hemos estado trabajando muy duro para conseguir que la casa esté desempacada y organizada. Me siento frustrada, es difícil aceptar que esto es un proceso. Va a tomar tiempo encontrar lugares para todas nuestras cosas en esta casa nueva. Creo que hemos estado socializando y saliendo mucho estas semanas pasadas así que realmente no hemos tenido tiempo de trabajar en la casa.

Mi esposo: Sí, necesitamos mantener la socialización al mínimo durante un tiempo. No vayamos a ningún lado el próximo fin de semana para que podamos trabajar en la casa.

Yo: Bueno. No tengo ningún problema con eso.

Mi esposo: Sólo quiero que la casa esté organizada, aunque no todo esté desempacado. No me gusta el desorden. Vamos a organizar lo que tenemos afuera mañana en lugar de seguir desempaquetando.

Yo: Suena bien.

Tomar una pausa durante la discusión nos detuvo de continuar comportándonos más hostiles y agresivos el uno hacia el otro. También me ayudó a ser consciente de mis emociones y reflexionar sobre mis pensamientos, suposiciones y vulnerabilidades. Mi esposo fue capaz de escuchar mis esfuerzos para validar sus sentimientos y aclarar mis intenciones, lo que nos llevó a concentrarnos en una solución.

Como parte de sus esfuerzos para mejorar su relación, le animo a estar consciente de sus propias emociones, ya que afectan directamente su capacidad de comunicarse y aplicar todas las técnicas que aprenderá en este libro. Recuerde, las emociones son temporales, y eventualmente se sentirá mejor. Trate de no aferrarse o reprimir sus emociones, aunque sean incómodas. En su lugar, trate de aceptar su emoción para que pueda averiguar lo que está causando que la sienta (la señal), y los hechos sobre la situación que le llevan a sentirse de cierta manera. Si se encuentra haciendo suposiciones acerca de las acciones o intenciones de su pareja que están creando sentimientos negativos, puede intentar practicar algunas de las técnicas de comunicación que cubrí en el Capítulo 4, tales como aclarar y hacer preguntas para probar sus suposiciones correctas o incorrectas.

Como puede ver hasta ahora, las emociones tienen un impacto directo en su capacidad para lidiar con situaciones. Eso va doble para los argumentos, ya que no puede dejar de sentir emociones intensas durante uno. Es importante que usted pueda aprender a lidiar con emociones poderosas durante una discusión, ya que este tipo de autocontrol puede hacer una gran diferencia en la eficacia de su comunicación.

Capítulo 8

RESOLUCIÓN DE
PROBLEMAS Y COMPROMISOS

Parte de la razón por la que los conflictos de parejas continúan ocurriendo una y otra vez es que los problemas no se resuelven completamente, o la pareja no es capaz de llegar a un compromiso. JP y Alex vinieron a verme después de años de conflictos no resueltos. Ambos estaban frustrados y hartos de su situación, pero más aún, ambos pensaban que estaban tratando de mejorar las cosas sin obtener resultados. Ambos crecieron con padres críticos y negativos, lo que los llevó a aprender a evitar conflictos a toda costa, cada uno de una manera diferente. Más importante aún, ellos no habían aprendido las habilidades para resolver conflictos, así que no lo hacían. Así sonaban sus conversaciones iniciales:

> Alex: ¿Puedes encontrarte conmigo y con los niños para el almuerzo después de que los recoja de la escuela?

JP: O.K.

Alex: Genial. Últimamente pareces distraído con los niños. Por favor, pregúntales acerca de su día e interactúa con ellos.

JP: ¿Sabes qué?, hago lo que puedo. Estoy ocupado en el trabajo, pero tratando de hacer tiempo para todos ustedes. Si no te gusta, entonces no vayamos a ningún lado.

Alex: Esta bien. Iré sola con los niños. Es como si fuera una madre soltera. Estamos acostumbrados a estar sin ti…

JP: Si eso es lo que piensas, ¿por qué me preguntas? No tengo tiempo para esto.

Alex: Nunca tienes tiempo para nada.

La solución de problemas y el compromiso son dos tipos de habilidades necesarias para implementar muchos de los conceptos de este libro. Más aún, *el acuerdo* es uno de los cuatro temas comunes identificados como importantes, para la calidad de las relaciones (Hassebrauk & Fehr 2002). Ahora, quisiera aclarar que el objetivo de este capítulo no es convencerlo de que usted y su pareja tienen que estar de acuerdo en todo, sino aprender a resolver problemas que pueden estar limitando la calidad de su relación (si es que pueden ser resueltos), y también aprender a comprometerse en un esfuerzo por aceptar las diferencias de cada uno (aceptar y trabajar desacuerdos). Una vez más, quiero señalar que estas habilidades suelen aprenderse a lo largo de la vida (como muchos patrones de comportamiento mencionados en este libro) por los ejemplos de las personas a nuestro alrededor, o las experiencias vividas en nuestra vida. La importancia de aprender habilidades de resolución de problemas ha sido reconocida por muchos, por lo que se han creado guías y programas que se aplican a una gran variedad de situaciones. En este capítulo me referiré a estas habilidades en términos de su relación romántica, pero quiero que sepa que estas habilidades pueden utilizarse en cualquier situación, en cualquier momento que esté interactuando con otro individuo.

Recuerde los capítulos 1 y 2, y la evitación que algunos individuos experimentan. Algunas personas evitan conflictos porque temen sentirse heridos o lastimar a sus parejas. De hecho, algunos saben por experiencia que los argumentos con su pareja terminarán de esa manera; Los dos comienzan a estar en desacuerdo, el desacuerdo aumenta y luego "explotan". Mientras tanto, nada se resuelve (Gottman, Gottman, & Declaire, 2007). Lo que sucede a continuación se denomina el efecto Zeigarnik, que se basa en la creencia de que nuestra capacidad de recordar situaciones inconclusas es superior al recuerdo de situaciones solucionadas (Zeigarnik, 1927). En las relaciones, este fenómeno se demuestra cuando las interacciones negativas de una pareja no se procesan o resuelven completamente, como resultado se recuerdan y ensayan repetidamente, una y otra vez en la mente de cada individuo (Gottman 2011) hasta el punto de que puede parecer obsesivo para usted o su pareja. Es posible que haya dicho u oído frases como "¿por qué no puedes dejar ir las cosas?" o "dijiste que ibas a _____".

Evitar el efecto Zeigarnik se logra procesando completamente un evento negativo. En este caso, eso significa resolver el problema o comprometerse, "estar presente" para su pareja o su relación, y demostrar que usted tiene los intereses de su pareja en mente. Si usted es capaz de implementar estos pasos con éxito, usted o su pareja potencialmente pueden olvidarse de la heridas o minimizar la negatividad en su relación (Gottman 2011). Hablar de diferencias conflictivas con su pareja puede convertirse en una discusión llena de emociones intensas, especialmente si usted se siente firme sobre su punto de vista. La siguiente guía fue diseñada por John y Julie Gottman (2007) como un modelo para manejar el conflicto. Intente seguir estos pasos al hablar de temas conflictivos:

1. Dedique un tiempo tranquilo para discutir un solo conflicto a la vez.

2. Designe una persona como orador y una persona como el oyente.

3. El orador comienza a hablar sobre el conflicto, diciendo todo lo que quiere decir sobre su punto de vista (use las habilidades de comunicación asertiva del Capítulo 4). El orador utiliza mensajes "Yo" y evita declaraciones de "Tú". El oyente puede hacer preguntas y tomar notas. Escribir las cosas le da al orador la sensación de que lo que están diciendo realmente le importa al oyente. Cuando el oyente hace preguntas, esas preguntas son simplemente para asegurar su comprensión. El oyente debe posponer el hablar de soluciones y cualquier intento de tratar de persuadir al orador. El oyente no puede usar preguntas para implicar su desacuerdo. El oyente no debe presentar su propia opinión en este momento. El trabajo del oyente es simplemente escuchar (usar las habilidades de escucha activa del Capítulo 4). Toda la interacción debería ser civil y cortés.

4. Cuando el orador haya terminado completamente, el oyente reafirma el punto de vista del orador (resume y clarifica). Este escucha con atención y aclara cualquier cosa que el oyente realmente no parece entender. Entonces el oyente reafirma la posición. Este proceso se repite hasta que el orador está satisfecho de que el oyente realmente entiende.

5. Cambien de roles y comiencen de nuevo con el paso 1.

Uno de los objetivos de esta guía es escuchar y validar sentimientos. Exprese todo lo que tiene que expresar sobre su punto de vista y posponga la persuasión hasta que su pareja también tenga la oportunidad de expresar su punto de vista.

(Consulte el Capítulo 4 y el Capítulo 5 para obtener más técnicas sobre cómo escuchar y validar). Al permitir la expresión y el escuchar a los demás a pesar de sus diferencias, están creando una mejor comprensión, conexión emocional y respeto, incluso si no están de acuerdo sobre el tema. Un factor importante al seguir esta guía es su habilidad para regular emociones intensas (ver Capítulo 7), de lo contrario sería extremadamente difícil seguir estos pasos, o incluso tratar de encontrar soluciones. Esto ha sido comprobado en estudios por John Gottman (2011), quien encontró que en los conflictos de relación, la gente no siempre actúa racionalmente. Esto está relacionado con la incapacidad de cada individuo para regular su intensidad emocional y calmarse.

El compromiso es generalmente entendido como la acción de encontrar un punto medio entre usted y su pareja. El compromiso viene con un sentido implícito de equidad, que es donde las cosas pueden complicarse ya que la equidad puede ser percibida de manera diferente. Su idea de lo que es justo no tiene que ser la de su pareja. Los siguientes pasos fueron creados por Janet Hibbs y Karen Getsen (2009), y pueden ser elementos clave para ayudar a una pareja a alcanzar la equidad y llegar a un compromiso:

1. Reconsidere sus expectativas sobre lo que es justo. Tener en cuenta la percepción de su pareja de lo que es justo le ayudará a llegar a un compromiso realista. Tal vez sus expectativas son demasiado altas para su pareja, lo que hará que sea poco probable que él/ella realmente viva a la altura de estas, que a su vez resultará en una gran decepción para usted.

2. Pida lo que necesita y pídale a su pareja que aclare lo que él/ella necesita. Pregunte: ¿Qué necesitas? ¿Qué deseas? Para tratar de encontrar un punto medio es importante que tenga una visión clara de lo que se desea. Lea entre

líneas y busque una aclaración de lo que se entendió. Trate de mantenerse alejado de lo que no está sucediendo o de lo que no le gusta. Por ejemplo, diga "Quiero escuchar de ti durante el día. Quiero que me llames", en lugar de" Obviamente, no te preocupas por mí, ya que nunca me llamas".

3. Muestre apreciación por lo que se está haciendo o por los esfuerzos que se están realizando. El agradecimiento estimula la motivación de nuevos esfuerzos y acciones. A todos nos gusta ser reconocidos por lo que hacemos o tratamos de hacer. Mostrar aprecio es una forma de reforzar positivamente los comportamientos deseados. Cuanto más se demuestre apreciación por un comportamiento, más probable es que el comportamiento ocurra en el futuro.

4. Cambie las reglas. La vida cambia constantemente, así que adaptarse a los cambios de la vida y su crecimiento individual servirá un propósito para comprometerse y ser justo en su relación. La flexibilidad y la adaptabilidad son posiblemente las mayores capacidades que tenemos como seres humanos para sobrevivir.

Idealmente, el objetivo de llegar a un compromiso es lograr una situación en la que ambos ganen. Con el fin de lograr este objetivo, probablemente tendrá que ser capaz de negociar su solicitud o la solicitud de su pareja. ¿Recuerda la técnica de comunicación del Capítulo 6? Esta técnica proporciona una manera de negociar su solicitud preguntando: ¿Qué harías tú si fueras yo? Esto crea la oportunidad de que su pareja se ponga en sus zapatos, o viceversa. La negociación es una forma de flexibilidad, ya que por lo general le permitirá obtener algo (o más) de lo que desea, en lugar de no obtener nada en absoluto.

Lo he dicho antes y lo diré de nuevo, estar en una relación

no se trata de ganar o perder, ya que veo muchas veces que la necesidad de ganar una discusión obstaculiza la eficacia de un individuo. Las supuestas "victorias" pueden corroer su relación con el tiempo y al punto se volverá desequilibrada. La impulsividad, las inseguridades, los temores y el orgullo, por nombrar algunos, suelen estar detrás de la necesidad de ganar. Piense en términos para que su relación gane, como "¿qué es mejor para mi relación?" Cuando usted coloca su relación como una prioridad en una discusión o un desacuerdo, puede ser más fácil de negociar, ser justos, y en última instancia, llegar a un compromiso. De lo contrario, puede ser una batalla cuesta arriba, porque ganar y comprometerse trabajan el uno contra el otro.

LA CERCANÍA EMOCIONAL DURANTE EL CONFLICTO

Durante un conflicto, las emociones tienden a subir a la superficie, variando en intensidad. A veces estas emociones nos ciegan a la lógica o a la razón (véase el capítulo 7). Por lo tanto, usar un enfoque de acercamiento emocional puede ayudarle a influenciar a su pareja de una manera diferente en un momento de emociones intensas durante un conflicto. Piense en cuántas veces ha tenido un desacuerdo sobre algo que no tenía sentido lógico o razonable para usted, pero tenía mucho sentido para su pareja (o al revés). Es importante ser consciente de sus emociones durante el conflicto, ya que pueden motivar interacciones destructivas o positivas si así lo escoge. Además, investigaciones sugieren que los intentos de reparación basados en la cercanía emocional (responsabilidad, acuerdo, afecto, humor, auto-descubrimiento, comprensión y empatía) son altamente efectivos (Gottman 2011). Trate de evitar los enfoques basados en la lógica, ya que estudios científicos tienden a demostrar que los intentos de reparaciones basados en la lógica son bastante ineficaces en las parejas (Gottman 2011). Echemos un vistazo a los intentos de reparación considerados como promotores de cercanía emocional:

Asumir la responsabilidad - Aceptar que usted ha contribuido algo para causar o mantener una situación, aunque sólo tuviera una pequeña parte, puede tomar un cierto nivel de madurez. También puede reflejar el respeto que usted tiene por su pareja. No deje que el orgullo se interponga en el camino de asumir la responsabilidad por sus acciones, ya sea intencional o no intencional; asumir la responsabilidad de sus acciones puede ayudarle a recordar que todos cometemos errores de vez en cuando y ser humilde. También le ayuda a moverse de "yo gano" a "nosotros ganamos".

Acuerdo - El acuerdo puede ser el origen del problema, ya que no pueden ponerse de acuerdo sobre un tema específico, pero piense en los hechos de la situación, no en su opinión o la de su pareja sobre cómo y por qué sucedieron las cosas. Los hechos podrían ser la única cosa en la que podrían estar de acuerdo. Incluso si es lo único, algo es mejor que nada.

Afecto - Mostrar afecto durante un conflicto puede ser difícil de imaginar, ya que muchas veces nuestra necesidad de defendernos nos motiva a mantener una distancia y evitar la interacción con nuestra pareja. Le animo a actuar de manera opuesta a este impulso y tratar de ser cariñoso, pero si esto es demasiado difícil para usted, todavía puede mostrar afecto de otras maneras, como hacer cosas que normalmente hace por amor hacia su pareja (ver capítulo 9 para diferentes maneras de demostrar amor).

Humor - Curiosamente, investigaciones han establecido que el humor durante conflictos de parejas es eficaz en la reducción del estímulo fisiológico (Levenson & Gottman, 1985). ¿Recuerda el capítulo 7 y la importancia de regular las emociones durante el conflicto? El humor se puede usar para disminuir la tensión. Ahora, me gustaría dejar claro que no estoy hablando de sarcasmo o ridiculizar a su pareja, sino de usar el humor para cambiar el tono de la interacción de una manera que disperse la negatividad. Mediante el uso de humor usted puede ser menos defensivo en sus reacciones, e incluso permitir que emociones más profundas salgan a la superficie. Cuando se usa el humor durante el conflicto, es importante estar claro de que no se está burlando de su pareja, en su lugar, se ríe de sí mismo o de ambos. Ser consciente del sentido del humor de su pareja es crucial ya que el humor necesita ser compartido, de lo contrario derrota el propósito. Otro factor importante es no esconder sus emociones detrás del humor, ya que expresar sus emociones puede ayudarle a su pareja a entender cómo la situación en disputa es importante para usted y cómo le afecta. Ejemplo: Comparta una historia graciosa relacionada con el problema, o búrlese (otra vez, no de una manera sarcástica) de sus defectos.

Auto-revelación - Expresar sus propios sentimientos, pensamientos, motivaciones e ideas sobre una situación es fundamental para promover la resolución de problemas. De lo contrario, su pareja puede estar ciega a sus necesidades y actuar de una manera que continuaría lastimándolo profundamente. También puede usar la revelación personal para compartir un momento en que los roles se invierten, no con el propósito de evitar tomar responsabilidad o la venganza, sino de ayudar a su pareja a entender su posición o sentimientos.

Entendimiento - Al hacer intentos de entender la lógica de su pareja o el razonamiento detrás de sus acciones, usted está haciendo una demostración de cariño. Trate de ponerse en los zapatos de su pareja con su experiencia de vida, no la de usted. Este intento llevará a expresar la validación mencionada anteriormente (véase el capítulo 5), y le ayudará en su relación, especialmente durante los conflictos con su pareja.

Empatía - La diferencia entre el entendimiento y la empatía es que la segunda se centra en la comprensión emocional, no sólo la lógica y el razonamiento. Ser capaz de sentir empatía por su pareja es muy importante en una relación, tanto que el capítulo 5 de este libro se dedica a comprender y expresar la empatía.

Las siguientes son preguntas y declaraciones que pueden ayudarle a comunicar la cercanía emocional:

¿Qué estás sintiendo?

¿Qué más sientes?

¿Qué necesitas?

¿Qué deseas?

¿Quiénes son los principales en esta situación?

¿Cómo se llegó a este punto?

Háblame, estoy escuchando.

Tenemos mucho tiempo para hablar.

Dime tus prioridades en esta situación.

¡Pobrecito!

Sé lo que se siente.

Puedo ver/entender por qué estás tan molesto.

Volvamos a JP y Alex y veamos cómo su conversación habría sonado si usaran intimidad emocional durante su interacción:

Alex: ¿Puedes encontrarte conmigo y los niños para el almuerzo después de recogerlos de la escuela?
JP: O.K.

Alex: Genial. Últimamente pareces distraído con los niños. Por favor, pregúnteles acerca de su día e interactúa con ellos.

JP: He estado distraído últimamente (tomando responsabilidad). Estoy trabajando en un proyecto en el trabajo y me siento estresado al respecto. Me di cuenta de que no he dedicado mucho tiempo para ti y los niños en el último par de semanas (acuerdo).

Alex: He notado que estas estresado (validación/comprensión). Sé lo que se siente (empatía). ¿Recuerdas cuando tuve que ir a California por un mes?

JP: Sí.

Alex: Eso fue muy difícil para todos nosotros. Me sentí tan culpable dejándote a ti y a los niños solos. Recuerdo la parte más difícil de regresar, Vickie tardó un par de minutos en reconocerme y abrazarme (auto-revelación).

JP: Eso fue duro. Recuerdo que después de eso se aferró a ti como una sanguijuela (¿humor?), Incluso cuando te duchabas ella estaba allí.

Alex: *sonrisa*

JP: Cariño, te quiero y extraño pasar tiempo contigo (afecto).

Alex: Yo también. Sólo quiero que nuestra familia esté más cerca. ¿Hay algo que pueda hacer para facilitarte las cosas?

JP: Me gusta cuando nos reunimos para el almuerzo después de recoger a los niños. Quizás puedas venir más a menudo.

Alex: Puedo intentar hacerlo.

JP: Puedo tratar de estar más presente. Tal vez pueda tomar un par de días libres la semana que viene y podemos salir de la ciudad por un tiempo.

Alex: Eso suena genial. Tratemos de pasar tiempo juntos.

Despúes de que JP tomó responsabilidad y Alex mostró comprensión y empatía, la conversación fue más suave que la anterior. La aplicación de la cercanía emocional durante el conflicto puede asistir con sus esfuerzos para encontrar una solución a una situación específica. También puede ayudarle a demostrar el cuidado y el afecto que sienten uno por el otro, incluso en un momento de tensión. Todo lo que usted hace o dice durante un conflicto se convierte en hechos en la historia de su relación. Intente practicar un enfoque de cercanía emocional y descubra qué clase de resultados puede traer en su vida.

VENTAJAS Y DESVENTAJAS

Al debatir de un lado a otro con su pareja acerca de soluciones u opciones para resolver una situación, pueden trabajar en conjunto a pesar de sus diferencias. Una forma no es mejor que la otra, a pesar de nuestras creencias iniciales. He descubierto que muy raramente los problemas tienen una sola solución. Una forma en que puede ayudar a su pareja a ver los beneficios de sus sugerencias y viceversa, es trabajar juntos. Aquí está una técnica de resolución de problemas que puede seguir (Jongsma, 2007):

1. Describa el problema de conflicto entre usted y su pareja con el mayor detalle posible. Permita que su pareja haga lo mismo.

2. Reúna todas las opciones posibles para resolver la situación. Cuantas más opciones tengan, probablemente se sentirán menos atrapados. Acepte todas las opciones posibles sugeridas por su pareja sin importar si le gustan o no. Uno de ustedes puede anotarlas para hacer un seguimiento de todas ellas.

3. Juntos, elijan dos o tres de las soluciones más razonables

y justas de la lista.

4. Enumere las ventajas y desventajas de cada opción. Esto significa que tendrás dos o tres listas diferentes de ventajas o desventajas.

5. Seleccionen juntos la mejor opción aparente del análisis de ventajas y desventajas.

6. Decidan cuándo y dónde se comenzará a implementar la solución que han seleccionado.

7. Una vez que se haya implementado la solución, evalúen el resultado de sus esfuerzos.

8. Consideren juntos si es necesario realizar cambios a la solución que seleccionaron para que sea aún más eficaz.

Tomarse el tiempo para pasar por este ejercicio puede darle una idea de la voluntad de su pareja para trabajar con usted en la búsqueda de soluciones, así como su disposición a un compromiso.

AUTO-RESPETO VS. LA RELACIÓN

¿Qué pasa si un problema es tan importante para usted que va en contra de su auto-respeto? Muchas veces este tipo de desacuerdo está relacionado con un fuerte valor que usted tiene para sí mismo; Mucha gente considera estos desacuerdos como motivos para terminar la relación. Este tipo de problemas son muy decepcionantes y dolorosos, ya que pueden comunicar una falta de respeto a usted como un individuo, o la falta de cuidado de su pareja. ¿Cuáles son algunos de los motivos por los que usted terminaría su relación? Le sugiero que evalúe cuáles son las situaciones y los problemas que lo motivarían a romper con su relación y que se los comunique a su pareja con anticipación.

Si puede obtener la misma información de su pareja, le ayudará a prepararse para la próxima vez que ocurra esta situación, o evitará actuar de manera que pueda crear conflictos. Mediante la comunicación de estos motivos de ruptura a su pareja, le está dando a él/ella una oportunidad para demostrarle que lo ama y que se preocupa por usted. Escuche la opinión de su pareja sobre sus motivos de ruptura para evaluar su voluntad de ser flexible, o reflexione sobre el por qué este factor es tan importante para él o ella. Tal vez no tiene que ser un motivo para terminar la relación, pero sólo usted puede tomar esa decisión.

Capítulo 9
DEMOSTRAR EL AMOR

Todos queremos sentirnos amados y cuidados. A veces puede sentirse como si sus esfuerzos para demostrar afecto pasan desapercibidos. No está solo, muchas parejas luchan por muestras de amor y afecto. Lo más probable es que aprendiera a dar amor de la manera en que tus padres o cuidadores le dieron amor. Dado que su pareja creció en un hogar diferente que usted, es muy probable que él o ella aprendiera a expresar el amor de una manera diferente. Esta es un área importante para las parejas, ya que sentirse amado puede motivar comportamientos positivos y la voluntad de mejorar una relación. Una descripción simple, pero completa de la importancia de este concepto está en Los 5 Lenguajes del Amor (Chapman 2010). La teoría se basa en el concepto de que la expresión del amor cae bajo cinco categorías diferentes, con las que cada uno de nosotros podemos identificarnos en la forma en que expresamos el amor, y la forma en que queremos recibir el amor de los demás. Por lo general, la forma en que expresamos el amor es la forma en que esperamos recibirlo, pero cuando no se lo recibe de la misma manera, puede ser desalentador y decepcionante.

Don y Lori acudieron a la terapia porque a pesar del amor que tenían el uno por el otro y todos los esfuerzos que ambos hacían para demostrar su amor, ambos se sentían decepcionados e incluso cuestionaban el amor de su pareja. Don fue criado en un hogar muy estricto donde él y sus hermanos fueron severamente castigados por su madre si no completaban sus tareas. Su padre era un alcohólico que a veces llegaba a casa enojado y se desquitaba con la familia diciendo cosas malas hacia ellos. Lori, por otra parte, fue criada en un hogar cariñoso donde se sintió amada y aceptada incluso después de que sus padres se divorciaron cuando ella era una adolescente, sus padres todavía pasaban mucho tiempo con ella y le daban atención. Don y Lori lucharon con sus diferentes maneras de mostrar amor y afecto el uno al otro. Ambos estaban atrapados en su propia manera de demostrar el amor, lo que no los llevó a ninguna parte. Don y Lori aprendieron acerca de los cinco lenguajes del amor que se ven a continuación:

Palabras de Afirmación
Tiempo de calidad
Recibir Regalos
Actos de Servicio
Tacto físico

Las palabras de afirmación son una forma de expresión del amor a través de las palabras. El uso de palabras alentadoras y motivadoras como "¡tú puedes hacerlo!" o "¡Creo en ti!" en tiempos de inseguridad son ejemplos de palabras de afirmación; y el uso de palabras amables cuando su pareja comete un error (ya que nadie es perfecto y su pareja no siempre puede hacer lo mejor). Por otro lado, si ha usado palabras duras en el pasado, es aconsejable pedir perdón en un intento de reparar el daño (vea el capítulo 3 para más información sobre el perdón). Las palabras son importantes, así que si usa palabras negativas, críticas o derogatorias, debe estar consciente de que está causando un daño profundo a su pareja. Si él/ella tiene este lenguaje de amor,tenga cuidado con lo que dice. El uso de palabras humildes en lugar de hacer demandas puede hacer una gran diferencia (véase el capítulo 6). El uso de expresiones positivas sobre su pareja cuando la está describiendo a otros también es parte de las palabras de afirmación.

Este lenguaje de amor puede ser difícil, o incluso sentirse falso para usted, pero el uso de palabras para afirmar el amor hacia su pareja puede ser aprendido en un esfuerzo por comunicar su lenguaje de amor. Escuchar un "Te amo", o las razones por las que eres amado, o simplemente escuchar cumplidos no solicitados son una necesidad para este idioma de amor. Si usted o su pareja se identifican con este lenguaje de amor, se beneficiará de recordar que las palabras son importantes.

Ejemplos de palabras de afirmación:

"¡Te ves bien en ese traje!"
"Te amo".
"Eres un gran _____".

Ejercicios que puede hacer para demostrar su amor con palabras de afirmación:

- Puede escribir una carta de amor, un correo electrónico o texto a su pareja, ya que las palabras escritas se pueden leer una y otra vez y pueden provocar los mismos sentimientos positivos que tuvieron la primera vez.

- También puede hacer un compromiso para complementar a su pareja diariamente.

El tiempo de calidad es una forma de expresar el amor a través de pasar tiempo con su pareja. No estoy hablando de estar sentados en el sofá viendo la televisión mientras juega con su teléfono (y no lo digo simplemente como un eufemismo para el sexo, estamos llegando allí, ¡sólo un capítulo más!). Se trata de calidad, no de cantidad. El tiempo de calidad es acerca de unión, proporcionar atención enfocada, indivisa hacia su pareja en un esfuerzo para que él o ella se sientan amados. Las conversaciones de calidad también son importantes, ya que facilitan compartir pensamientos, sentimientos y deseos. La escucha activa es un aspecto importante del tiempo de calidad (puede volver al capítulo 4 para obtener consejos sobre la escucha activa). Pasar tiempo de calidad con el objetivo de experimentar algo juntos, algo que usted disfruta o que su pareja disfruta, cree momentos positivos para sus recuerdos de amor en su relación.

Ejercicios que puede hacer para demostrar su amor con el tiempo de calidad:

- Planifique actividades juntos donde pueda pasar tiempo uno-a-uno, como dar un paseo, ver la puesta de sol, etc.

- Haga preguntas sobre el pasado de su pareja.

- Cree un tiempo para compartir con su pareja donde ambos tienen la oportunidad de hablar.

Recibir regalos es una forma de expresar el amor a través de regalos y detalles. Se trata de la consideración y el esfuerzo detrás de dar un regalo. Un individuo cuyo lenguaje de amor son los regalos piensa "Ella/Él estaba pensando en mí". El regalo es un símbolo de ese pensamiento de amor. Si el dinero o las finanzas son un problema, su regalo no tiene que ser costoso, recuerde, es el pensamiento detrás de ese regalo lo que cuenta. Piense en el dinero que gasta en un regalo para su pareja como en una inversión en su relación. Más importante aún, si el lenguaje de amor de su pareja es recibir regalos, el regalo más importante que podría darle es su presencia, especialmente en un momento de crisis. Si su pareja dice: "Realmente quiero que estés aquí esta noche", tome eso en serio, ya que el regalo de la presencia es el regalo más poderoso que puede dar.

Ejercicios que puede hacer para demostrar su amor con regalos:

- Haga un regalo para su pareja.

- Dele a su pareja un regalo todos los días durante una semana. Piense en sus dulces, flores o algo relacionado con su pasatiempos favorito.

Los actos de servicio son una forma de expresar el amor asumiendo las responsabilidades de su pareja. Este lenguaje de amor puede ser difícil de aprender debido a los estereotipos existentes y las posibles diferencias culturales. Si usted está viviendo en América en el siglo 21, muchos de los estereotipos con los que creció sobre los roles de hombres y mujeres ya no se aplican. En una sociedad donde ambos individuos en una relación normalmente tienen que trabajar, o uno decide trabajar en el hogar al criar a los niños, hay muchas responsabilidades que se deben tener en cuenta en el hogar. Si el lenguaje de amor de su pareja es los actos de servicio y usted está luchando para expresar este lenguaje de amor, sugiero que reconsidere sus creencias acerca de los roles de hombres y mujeres en la sociedad; de lo contrario, puede sentirse resentido con su pareja. También quiero que considere que si elige usar este lenguaje de amor, debería hacerlo desde un lugar de amor, no porque se siente manipulado u obligado a hacerlo. Si este es el caso, quiero que lo hable con su pareja. Si no pueden llegar a un entendimiento, considere la terapia como una alternativa.

Ejercicios que puede hacer para demostrar su amor con actos de servicio:

- Haga una lista de todas las solicitudes que su pareja ha hecho de usted en las últimas semanas. Seleccione uno de estos cada semana y hágalo como una expresión de amor.

- Tenga en cuenta las peticiones de su pareja y recuerde lo

que significan para él o ella.

• Si tiene hijos, pídales ayuda con algunos de los actos de servicio para su pareja.

El tacto físico es una forma de expresar el amor a través del afecto físico, como abrazos, besos, tomarse de las manos y el sexo. Podría tocar amorosamente a su pareja casi en cualquier lugar en un esfuerzo por expresar amor, aunque no todos los toques son iguales ya que algunos traen más placer que otros. Si el tacto es el lenguaje de amor de su pareja, puede beneficiarse de trabajar en este idioma. Recuerde que el cuerpo es para ser tocado en una relación amorosa. Si usted y su pareja están pasando por una crisis, sostener a su pareja puede ser todo lo que necesita hacer en ese momento para mostrarle que usted está allí apoyándolo.

Ejercicios que puede hacer para demostrar su amor con el toque físico:

• Mientras caminan juntos, extienda y agarre la mano de su pareja.

• Cuando vea a su pareja después de un día de trabajo, recíbalo con un gran abrazo y un beso.

• Inicie el sexo.

• Dele un masaje a su pareja.

A menudo veo a las personas luchando porque ponen un gran esfuerzo en tratar de mostrar amor y afecto de la manera que les gustaría recibirlo. Su lenguaje de amor probablemente no es el lenguaje de amor de su pareja. Si lo fuera, tendría menos problemas en esta área. Si no sabe el lenguaje de amor de su pareja y viceversa, puede sentirse como si se están hablando dos idiomas diferentes. Imagine que su pareja sólo habla chino y usted sólo habla español, sería muy difícil comunicarse. Del mismo modo, conocer el lenguaje de amor de su pareja puede ayudarlos a entenderse mejor.

¿Recuerda a Don y Lori? Don aprendió que el lenguaje de amor de Lori era un tiempo de calidad. Por otro lado, Lori aprendió que el lenguaje de amor de Don eran las palabras de afirmación y actos de servicio. Una vez que ambos tuvieron un nuevo entendimiento en esta área, pudieron concentrar sus esfuerzos donde realmente cuentan. No hay una manera de expresar el amor que sea "mejor" que la otra, son simplemente diferentes. Al aprender lo que funciona para usted y su pareja, usted será más eficaz en la expresión de su amor, y pidiendo lo que necesita de su pareja. Puede visitar http://www.5lovelanguages.com/profile/couples/ para tomar la prueba de 30 preguntas que le ayudará a determinar su lenguaje de amor. También puede pedirle a su pareja que realice la prueba para ayudarle a identificar la mejor manera de demostrar el amor, ya que entender cómo su pareja comprende el amor puede ser una clave para el éxito en su relación.

Si el lenguaje de amor de su pareja es diferente al suyo (lo que probablemente ocurrirá), puede que tenga que esforzarse en tratar algo diferente que pueda parecer raro o extraño para usted. Puede que no esté acostumbrado al lenguaje de amor de su pareja, pero es importante que sepa que se trata de la calidad que sus esfuerzos aportan a su pareja. Si esta es un área problemática, me imagino que ya ha estado trabajando muy duro tratando de mostrar o recibir amor con poco éxito. Esperar que su pareja "sepa" cuál es su lenguaje de amor puede ser poco realista, especialmente si él o ella no lo está haciendo, y es aún peor si usted mismo no lo sabe. El entendimiento de su lenguaje de amor puede ayudarle a pedir lo que necesita en la relación. Puede que tenga que explicarlo y ser específico al respecto. El uso de las técnicas de comunicación del Capítulo 6 puede ser una manera de hacerlo.

No hay que tener vergüenza en no saber expresar o recibir amor. Todo el mundo no crece en hogares amorosos y cariñosos. Si este es el caso para usted o su pareja, probablemente está causando angustia y dificultades en su relación. Aprender a expresar y recibir amor puede ser trabajoso, porque implica tratar algo nuevo y cometer errores al hacerlo, pero el objetivo vale la pena. Si usted o su pareja no saben cómo dar o recibir amor, la buena noticia es que se puede aprender, si es necesario, con la ayuda de la terapia de parejas.

Capítulo 10
SEXO

El deseo de tener relaciones sexuales y reproducirse es innato, pero el acto sexual con un compañero puede ser aprendido y refinado. Muchas personas no se dan cuenta de que el sexo se domina con el tiempo y la experiencia, por lo que puede ser estudiado, aprendido y practicado. Lamentablemente, el tema del sexo puede ser un tabú incluso en el mundo moderno de hoy. Trabajo con muchas personas de diferentes culturas y con varias creencias religiosas que luchan por hablar del sexo, expresar sus necesidades sexuales e identificar el papel que desempeña el sexo en sus relaciones amorosas. Por lo tanto, algunos terminan con una vida sexual insatisfactoria.

A menudo me preguntan: ¿Con qué frecuencia debemos tener relaciones sexuales? Mi respuesta es: ¿Con qué frecuencia tienen relaciones sexuales? y ¿Están satisfechos con eso? No hay un número mágico para la frecuencia de encuentros sexuales que una pareja debe tener; estudios recientes descubrieron que los individuos buscan calidad sexual sobre cantidad (Muise, Impett, & Desmarais, 2013). Anteriormente, la norma percibida sobre el sexo se ha relacionado con la manera en que un individuo ve a su propio grupo normativo comparando la edad, el género, enfermedades, religiosidad, etc. (Donnelly y Burgess, 2008). Esto significa que las ideas sobre la frecuencia con que las parejas tienen encuentros sexuales están determinadas por la percepción, así como por las expectativas sociales y culturales. Debido a que el sexo suele ser un tabú y las familias no están hablando de ello, las personas pueden aprender expectativas erróneas sobre el sexo a través de películas, TV, colegas y el internet.

SATISFACCIÓN SEXUAL Y SATISFACCIÓN RELACIONAL

Hay diferentes opiniones sobre el papel de la satisfacción sexual en las relaciones. La Teoría Evolutiva argumenta que la motivación subyacente es reproducir y transmitir genes de generación en generación (Buss, & Shackelford, 1997). La teoría de la interacción simbólica afirma que la sexualidad es parte de la interacción entre el individuo y los diversos contextos (LaRossa y Reitzes, 1993), y la teoría de guiones sexuales propone que los individuos en las relaciones se adhieran a varios guiones sexuales, basados en la cultura y en los niveles relacionales (Gagnon, 1990). A pesar de que las razones detrás de la relación entre la sexualidad y la satisfacción relacional difieren, se ha determinado que pueden influenciarse mutuamente. Por lo tanto, hay una relación entre la satisfacción sexual y la satisfacción de la relación en las parejas (Sprecher, 2002; Edwards & Booth, 1994).

En el comienzo de una relación, las parejas suelen sentir un deseo sexual intenso el uno por el otro. Si recuerda las etapas del amor en el capítulo 1, puede recordar que la *lujuria* es el anhelo de la gratificación sexual, que comienza un proceso que puede evolucionar más tarde hacia el amor maduro. Pero, ¿cuáles son otros factores que llevan al sexo a disminuir con el tiempo? Estudios científicos han identificado razones comunes por las que el sexo disminuye en las relaciones a largo plazo:

- *El paso del tiempo* está relacionado con una actividad sexual lenta en una relación comprometida (Edwards & Booth, 1994). Se supone que después de que un individuo comienza a sentirse cómodo y seguro en una relación, el sexo comienza a perder la novedad que alguna vez tuvo. (Call, Sprecher, & Schwartz, 1995).

- *Los factores* de estrés en la relación varían según la etapa de la relación. Por ejemplo, un estresor común en las parejas más jóvenes es el embarazo (De Judicibus & McCabe, 2002) y, posteriormente, la lactancia y la fatiga también pueden conducir a disminuciones en la actividad y el deseo sexual.

- *Demandas de responsabilidades diarias* como el empleo a tiempo completo, turnos de trabajo opuestos, criar hijos y cuidar de padres ancianos o enfermos (Donnelly, 1993; Christopher & Sprecher, 2000).

- *Enfermedades o Discapacidades,* en un individuo o ambos. Las enfermedades físicas (Ej. cáncer, diabetes, hipertensión arterial, enfermedad coronaria y enfermedades neurológicas), así como trastornos mentales (Ej., ansiedad, depresión, trastorno de estrés postraumático o abuso sexual) pueden crear cambios temporales o permanentes en el libido (Schmitt & Neubeck, 1985, Wright, Wright, Perry, y Foote-Ardah, 2007).

- *Culpa o conflicto* debido a creencias religiosas. Estar constantemente expuesto a enseñanzas religiosas que prohíben las prácticas sexuales puede conducir a la represión de la sexualidad, incluso dentro del matrimonio (Davidson, Darling, Anderson y Norton, 1995).

Interesantemente, un estudio que evaluó a los individuos en relaciones de largo plazo y su decisión de permanecer en un matrimonio donde involuntariamente se les impidió tener relaciones sexuales con su pareja (Donnelly y Burgess, 2008) encontraron factores comunes que conducen a esta disminución involuntaria de la actividad sexual: falta de interés por parte del compañero, problemas en la relación (como los muchos de los que hemos discutido y continuaremos discutiendo en este libro), preocupaciones con la apariencia física, adicciones, enfermedad física o mental, infidelidad, embarazo/parto, deseo sexual bajo y relaciones sexuales disfuncionales o dificultades sexuales. El mismo estudio encontró que los individuos en relaciones sexuales insatisfechas se sienten frustrados, deprimidos, rechazados, tienen dificultad para concentrarse y experimentan baja autoestima. Cuanto más tiempo transcurre entre los encuentros sexuales, las personas sienten más desesperación de tener una relación sexual normal, e incluso pierden esperanza en el futuro de su relación (Donnelly, Burgess, Anderson, Davis y Dillard, 2001).

Después de leer sobre los factores comunes que conducen a la disminución de la actividad sexual en parejas, así como los factores que impiden que las parejas se involucren en actividad sexual, tenga en cuenta que a menudo dos o más de estos factores tienen lugar al mismo tiempo, creando una situación compleja para los intentos de reparación. Sorprendentemente, algunas personas pueden aprender a vivir con menos sexo en su relación a largo plazo porque encuentran otros beneficios, como la amistad y el compañerismo (Donnelly y Burgess, 2008).

DESEO SEXUAL

Los seres humanos experimentan respuestas sexuales únicas como resultado de mecanismos biológicos, ambientales y culturales (Fotopoulou & Fisher, 2012). Durante siglos, la búsqueda de afrodisíacos para aumentar el deseo sexual ha continuado. Desde las ostras o las raíces de ginseng hasta varios medicamentos, la lista es extensa. Pero ¿qué es lo que realmente crea el deseo sexual? Se ha concluido a través de estudios científicos que los afrodisíacos reales pueden existir dentro de usted (Fisher 2010). Estos estudios también encontraron que para que el deseo sexual se desarrolle, deben estar en su lugar:

- Lujuria

- Confianza

- Amor

- Sentirse satisfecho en su relación

¿Qué sucede cuando un individuo en la relación tiene más deseo sexual que la otra parte? En primer lugar, quisiera comenzar aclarando que es completamente normal y común que esto suceda, dada la singularidad de las experiencias de los individuos antes mencionadas. Tomemos lo que hemos aprendido hasta ahora en este capítulo. Si no hay lujuria, confianza o amor, y si no se siente satisfecho en su relación, lo más probable es que experimente insatisfacción sexual (así como la insatisfacción en la relación).

Otro concepto a explorar en relación con el deseo sexual es que el deseo requiere dos fuerzas opuestas: la libertad y el compromiso (Perel 2006). En otras palabras, si usted no se siente libre para ser usted mismo y expresar sus deseos sexuales inhibidos, así como tener la libertad de hacer elecciones, sus deseos pueden ser reprimidos. Si no existe un equilibrio entre estas dos fuerzas, el deseo sexual puede sufrir. Además, sentirse seguro en su relación como resultado de su compromiso con (y el compromiso percibido de) su pareja puede desencadenar deseos de naturaleza sexual, como se mencionó anteriormente.

Al explorar la frecuencia y el nivel de satisfacción de la actividad sexual en sus relaciones, tenga en cuenta la información que ha aprendido hasta ahora. Si usted está insatisfecho con su vida sexual en su relación, el primer paso que puede tomar es comunicar este hecho a su pareja, él o ella puede no saber cómo usted se siente. Si ambos están informados, pueden trabajar juntos para hacer cambios y mejoras en su vida sexual.

USE EL SEXO SABIAMENTE

El sexo es un factor importante en su relación, pero también es una actividad placentera. Piense en las razones por las que busca relaciones sexuales en su relación. El sexo, como cualquier otra actividad placentera, puede convertirse en un mecanismo de afrontamiento para evitar los sentimientos negativos y los estresores, lo que puede conducir a perder el sentido sexual en su relación, así como conducir a las adicciones sexuales.

Buscar sexo con el propósito de aumentar la intimidad en su relación se asocia con beneficios personales y relacionales, tales como una mayor sensación de bienestar, una mayor satisfacción en la relación y experiencias sexuales más positivas (Cooper, Barber, Zhaoyang y Talley, 2011; Impett, Peplau, & Gable, 2005).

Piense más allá del acto sexual. Como se mencionó en el capítulo 9, el sexo es una forma de contacto físico. Esto significa que es una forma de expresar la conexión, el afecto y el amor que tiene por su pareja. Por lo tanto, puede utilizar el sexo como medio de demostrar el amor que usted tiene para su pareja.

QUÉ PUEDE HACER PARA MEJORAR SU VIDA SEXUAL

Evalúe la tensión o el conflicto en su relación, ya que puede relacionarse con (e incluso crear una disminución en) la actividad sexual. Aborde el tema y trabaje en la solución de las fuentes de tensión o conflicto.

Comunique deseos sexuales en el momento tanto como sea posible. Incluso si usted no es capaz de seguir o participar en sus deseos sexuales de inmediato, se mantendrá pensando en ellos si usted habla con su pareja sobre ellos. Él o ella también pensará en ellos, y lo más probable es que creará el deseo de su pareja también. Compartir sus deseos sexuales con su pareja mejorará las posibilidades de que realmente sucedan si ambos están de acuerdo.

Así como es importante comunicar sus deseos sexuales, también es importante comunicar la falta de deseo sexual, ya que puede ayudarle a explorar y evaluar las causas (Ej. físicas, emocionales, estresores) y buscar soluciones, o buscar ayuda adicional si es necesario.

Haga tiempo para el sexo. Esto significa programarlo si es necesario. Hacer tiempo para el sexo por adelantado puede ayudarle a aumentar las posibilidades de que realmente participe en la actividad sexual, porque lo está haciendo una prioridad y creando un espacio en su apretada agenda. Piense en todas las cosas a las que usted le dedica tiempo para hacer/completar en su agenda o calendario, ¿por qué no el sexo? No piense que debe esperar por el momento justo, o por el atardecer, o para que las cosas sucedan "espontáneamente". Puede que no suene tradicionalmente romántico, pero ¿recuerda cómo repasamos los conceptos erróneos que nuestra sociedad y cultura perpetúa sobre el sexo? Este es uno de esos. ¡Anótelo en su calendario, y hágalo!

Inicie el sexo o juegos sexuales previos con su pareja. No espere a que su pareja se acerque a usted, ya que al hacerlo, no sólo está creando un momento íntimo con su pareja, sino que también está demostrando que él o ella es deseado. Sentirse deseado puede ser emocionante y excitante para su pareja. Piense en cómo se siente usted cuando es deseado sexualmente.

Hacer intentos de mejorar su vida sexual -como su relación- requiere trabajo. Es posible que no vea los cambios inmediatos, pero con el tiempo podría verlos. Tómese su tiempo y experimente con diferentes ángulos, algunas cosas pueden funcionar para usted y su pareja y otras no... pero no lo sabrá a menos que las pruebe.

Mónica y Sam vinieron a la terapia porque tenían problemas en su vida sexual. Ambos eran profesionales trabajando a tiempo completo y en la crianza de dos niños pequeños. Sam expresó su deseo sexual por su esposa y sus sentimientos de rechazo cuando ella lo evitaba. Mónica describió su deseo sexual como "bajo", y reportó sentirse cansada después de salir a comer al menos cuatro veces por semana con la familia de Sam, que terminaban muy tarde para toda la familia. Durante su tiempo en la terapia se descubrió que Mónica también tenía deseos sexuales hacia Sam, pero ella no era tan expresiva como él sobre ellos. También se sentía distanciada de él porque pasaban tanto tiempo con su familia y sus hijos, y no tenían suficiente tiempo como pareja. La pareja recortó las comidas con la familia de Sam y comenzó a programar citas y sexo semanalmente. Sam comenzó a dedicar más tiempo a juegos sexuales desde que se enteró de que Mónica necesitaba algo más que el acto sexual. La pareja también hizo un intento de pasar tiempo de calidad juntos después de que los niños se fueran a la cama, donde solían hablar de su día, sus sueños y aspiraciones. Mónica informó que este tiempo juntos creó intimidad, cercanía y un sentido de plenitud en su relación; y en última instancia, aumentó aún más su deseo sexual hacia Sam. Mónica también aprendió que el sexo era un lenguaje de amor (ver capítulo 10) para Sam y que expresar su deseo sexual hacia él era una manera de mostrarle amor y afecto incluso si no fuera posible actuar sobre estos deseos en ese momento.

Sam y Mónica pasaron mucho tiempo evitando hablar sobre sus sentimientos hacia el sexo y el impacto que tuvo en sus vidas. Ambos llevaban sentimientos de decepción del uno hacia el otro, y no fue hasta que llegaron a la terapia que todo fue expresado y pudieron avanzar para encontrar soluciones alternativas a su situación. Hablar sobre el sexo en su relación puede ser incómodo e incluso a veces dar miedo, pero evitar el tema puede conducir a hacer muchas suposiciones incorrectas sobre las creencias y las intenciones de su pareja. Le animo encarecidamente a hablar de sexo con su pareja a menudo, ya que puede aprender algo interesante, o motivarse a probar algo nuevo. Si no lo discute con su pareja, puede perder una oportunidad para compartir placer y excitación en su vida.

Capítulo 11

LA CONFIANZA
Y LA TRAICIÓN

Todo este capítulo está dedicado a la importancia de la confianza en una relación amorosa. La confianza es parte de la fundación de una relación, ya que sin ella, inseguridades, dolor, sufrimiento y mucha decepción pueden ocurrir. El diccionario Merriam-Webster definió la confianza (2014) como la creencia de que alguien o algo es confiable, bueno, honesto, eficaz, etc. Idealmente, nos gustaría creer que nuestra pareja es confiable, honesta y que tiene la mejores intenciones y deseos hacia nosotros. Desafortunadamente, eso no es siempre el caso para algunas relaciones.

Las personas tienen diferentes ideas de cómo confiar en los demás. Por ejemplo, usted puede optar por confiar en los demás a menos que se le dé una razón para desconfiar o, por otra parte, puede desconfiar hasta que se le den razones para confiar. Esto dependerá en gran medida de sus experiencias de vida, los ejemplos que tuvo de sus padres, otros cercanos a usted, e incluso las influencias culturales. Si usted vio a sus padres o figuras paternas luchando con la confianza y mintiéndose el uno al otro, puede ser comprensible que usted tenga dificultades para confiar en su pareja. Si este es el caso, y su pareja no le ha dado razones legítimas para desconfiar, entendiblemente, él o ella puede tener un problema con su dificultad para confiar.

Incluso si usted no tiene problemas con la confianza en el comienzo de su relación, incidentes como mentiras e infidelidades pueden corroer la confianza que tiene hacia su pareja, o al revés. Cuando te han herido, es natural que tu confianza se rompa. La confianza es fácil de perder, pero difícil de ganar de nuevo, ya que significa permitirse a sí mismo ser vulnerable y asumir el riesgo de ser herido una vez más. Muchas parejas buscan la terapia en un intento de reconstruir su confianza, ya que sus propios esfuerzos por lo general no son suficientes para lograr su objetivo. Con el fin de construir o reconstruir la confianza en su relación tanto usted como su pareja deben estar activamente involucrados en el proceso, ya que los esfuerzos individuales pueden ser desalentados por comportamientos desconfiados. Por ejemplo, si usted está tratando de confiar en su pareja después de que él/ella le mintió acerca de su paradero, puede ser extremadamente difícil hacerlo si él o ella sigue mintiendo.

Una razón por la que las parejas tienen problemas de confianza son traiciones presentes o pasadas en la relación. He visto parejas buscar terapia después de años de dificultad con la confianza debido a traiciones de su pasado. La traición puede traer un sin número de emociones intensas en su relación, como dudas sobre el amor, inseguridades, vulnerabilidad, ira, disgusto, tristeza, etc. Las siguientes son diferentes maneras en las que los individuos perciben una traición de confianza (Gottman 2011):

- **Violaciones del compromiso** de estar en una relación. Esto generalmente significa que su compromiso con la relación es condicional. Si usted o su pareja están esperando a alguien "mejor" por venir, se traduce directamente a sus dudas sobre el futuro de su relación. Las condiciones pueden ser cosas tales como enfermedades, estabilidad financiera, estrés, apariencia física, etc.

- **Traición a la exclusividad emocional, romántica o sexual.** Aparte de la traición sexual, las conexiones íntimas, emocionales, platónicas o acercamientos con otros fuera de la relación pueden crear sentimientos de traición para individuos. Muchas veces, las traiciones de naturaleza emocional y romántica pueden ser más dolorosas que cualquier actividad sexual.

- **Secretos, mentiras y fraudes** pueden ser otra manera de crear desconfianza y un sentido de traición en su relación. Piense en las promesas rotas, las inconsistencias, la omisión o la ocultación de información, y la pretensión hacia su pareja. Todo los anteriores son violaciones de la confianza que se le ha dado.

- **La coalición contra su pareja** es otra forma de crear desconfianza y traición en su relación. Ejemplos son hablar a espaldas de su pareja, o formar una alianza con otra persona o familiares en contra de su pareja, la cual lastima o excluye a su pareja.

- **Traición por desinterés** o rechazo de las ideas, pensamientos, deseos e intereses de su pareja.

- **Traición por injusticia o falta de cuidado.** Esta es la violación de acuerdos de equidad que involucran finanzas, recursos, responsabilidades y tiempo que no se comparten por igual. Hay una falta de apoyo y comprensión, especialmente en un momento de necesidad.

- **Traición de afecto** hacia su pareja por ser frío o no

responder a las necesidades emocionales de cariño.

- **Traición por falta de interés sexual.** Demostrar falta de atracción, interés e intimidad física hacia su compañero.

- **Traición por abuso** de cualquier tipo. El abuso emocional puede ser: aislamiento social, coerción sexual, celos extremos, humillación pública, menosprecio, degradación, amenazas de violencia u otros actos que influyen en el miedo, daños de propiedad, mascotas o niños. El abuso físico se puede clasificar como cualquier tacto no deseado.

- **Traición por falta de respeto** hacia su pareja como la burla, el sarcasmo, el ridículo, la denigración y el desprecio, que afirma superioridad en lugar de felicitar o expresar orgullo por los logros de un compañero.

- **Traición por no satisfacer las necesidades del otro** - o por lo menos intentos conscientes de satisfacer las necesidades esenciales de un compañero en una relación (como se mencionó antes en el Capítulo 6). Piense en la disponibilidad emocional, la apertura y su capacidad de responder hacia su pareja.

- **Traición al romper las promesas sagradas y votos matrimoniales.** Hacer promesas que no se mantienen, o hacer promesas que uno no tiene la intención de mantener.

Eva llegó a la terapia devastada por el reciente descubrimiento de que su marido de 30 años había estado teniendo un romance con una mujer que conoció por internet. Ella sospechaba que había algo diferente en su marido durante los últimos dos meses, pero él negó cualquier acontecimiento, y su distanciamiento e irritabilidad hacia Eva. Incluso la llamó "loca" cuando ella proporcionó ejemplos de su cambio de actitud. Un día, el marido de Eva estaba programado para salir de la ciudad por negocios como solía hacerlo, pero Eva notó que había algo diferente ese día. Él se fue antes de lo habitual y no se despidió. Eva se despertó después de que su esposo se fue. Ella empezó a tener una mala sensación a lo largo de la mañana, y luego recordó que ella y su marido compartían una aplicación de GPS en sus teléfonos en caso de que los perdieran. Eva abrió la aplicación del teléfono para descubrir que el teléfono de su marido estaba a un par de cuadras de distancia de su trabajo, en un motel. Eva salió de su oficina y se dirigió al motel. Llevaba una hora esperando afuera cuando su marido salió de una habitación con otra mujer.

Eva se sorprendió. Ella describió conducir a casa mientras experimentaba una montaña rusa de emociones, tristeza, ira, dolor, traición y decepción. Su marido regresó a casa antes de lo habitual y para su sorpresa Eva estaba en casa (lo que normalmente no sucedía). Eva decidió confrontar a su marido, quien continuó negando la situación hasta que Eva explicó que ella lo había visto. En ese momento, finalmente admitió que había estado teniendo un romance con otra mujer que conoció en internet, que viajó desde California hasta Florida para encontrarse con él. Eva expresó el dolor que sentía cuando su marido le dijo que estaba confundido y que no sabía si quería seguir con su matrimonio.

La traición a menudo es un evento impactante y traumático en la vida de cualquier individuo. En el caso de Eva, pasó a sentir irritabilidad, agresión, entumecimiento (después del descubrimiento de la traición), obsesión y emociones cambiantes, todos los cuales han sido identificados como reacciones comunes a un trauma (Glass 2004). La gravedad de la reacción traumática está determinada por los siguientes factores, que interactúan entre sí para establecer la intensidad, el alcance y la persistencia de esta reacción:

1. Cómo se hizo el descubrimiento. ¿Fue una confesión? ¿Había un informante? ¿Fue un descubrimiento accidental?

2. El grado de las expectativas destrozadas: acerca de la relación (Ej. "Nunca dudé de que nos amábamos"), su pareja (Ej. "Pensé que siempre serías honesto") y uno mismo (Ej. Sabía que estaba envejeciendo y soy menos atractiva").

3. Vulnerabilidades individuales (Ej. baja autoestima) y vulnerabilidades situacionales (Ej. antecedentes familiares de traición, historia de traición de la pareja, traumas del pasado, etc.)

4. La naturaleza de la traición, como la extensión del daño causado por la traición y la duración de la traición.

5. Si la amenaza de la traición continúa.

En mi trabajo con parejas veo una y otra vez cuán difícil puede ser para un individuo que ha participado en conductas que causaron traición aceptar y asumir la responsabilidad por el daño que se ha hecho. Las reacciones comunes del traidor también han sido identificadas (Glass 2004) como: resentimiento, impaciencia y pena por herir a su pareja o terminar el romance. Esto hace que sea difícil para el individuo traidor de comprometerse a ayudar a su pareja a sanar.

El primer paso es que el individuo traicionado decida reconstruir una nueva relación, de lo contrario puede ser extremadamente difícil superar las luchas cotidianas de reconstruir la confianza. Esto puede traer mucha ambivalencia y sentimientos encontrados por parte de ambos. Lo que sigue es una propuesta de John Gottman (2011) para sanar paso a paso la traición:

Fase 1: Los compañeros expresan remordimiento, establecen la transparencia y crean comprensión, aceptación y los comienzos del perdón. Esta primera fase se concentra principalmente en el individuo traicionado.

1. **El Traidor escucha repetidas expresiones de sentimientos de herida por el individuo traicionado sin defensividad** (este paso es más fácil decirlo que hacerlo). Cuando trato a las parejas que enfrentan una traición, es muy común que el traidor tenga dificultades para escuchar, y manifieste una actitud defensiva. Esta reacción puede ser el resultado de sentirse culpable, el temor de herir aún más a su pareja, el deseo de sentirse comprendido, la necesidad de ser racional o lógico sobre sus acciones, o el individuo simplemente no está preparado para asumir la responsabilidad por el dolor causado. He visto individuos con mucha dificultad para dar este paso y como resultado, ponen en peligro las posibilidades de reconstruir la confianza y su relación.

2. **El traidor expresa remordimiento genuino** por el dolor causado. De lo contrario, será extremadamente difícil para el individuo traicionado correr el riesgo de confiar de nuevo. Este paso generalmente implica preguntas y respuestas sobre la traición, con el propósito de crear transparencia y honestidad con respecto a ella. Se cree que este paso puede comenzar a revertir la reacción de estrés postraumático causada por la traición.

3. **Crear transparencia, verificación y la regla de "no complicar las cosas".** La transparencia es necesaria en un esfuerzo para demostrar que su pareja puede confiar en usted, ya que suele ser el caso que la persona herida o traicionada se sienta como si él o ella ya no conoce al traidor. La regla de "no complicar las cosas" significa que ambos individuos no quieren destruir el frágil estado de

reconstruir la confianza, por lo que ofrecen cooperación, tranquilidad, respeto y evitan crear más miedos a la pareja traicionada. El individuo traicionado coopera también, siempre y cuando vea una cooperación mutua.

4. **Crear entendimiento individualizando el "proceso de traición".** Se trata de entender las condiciones que condujeron a la traición, identificando patrones negativos en la historia de la pareja que llevaron a la relación a ser vulnerable. Cambios en el comportamiento deben ocurrir por parte del traidor con el fin de demostrar su remordimiento en este punto.

5. **Procesamiento de heridas emocionales.** La pareja necesita aprender los factores que desencadenan la evitación de conflictos, el rechazo, la escalación de conflictos y la ira, en un esfuerzo por aceptar sus vulnerabilidades. También necesitan entender el significado detrás de la decisión del traidor de trabajar en la relación y quedarse con la pareja herida.

6. **Establecer un proceso para maximizar la cooperación.** Este proceso frágil consiste en que un individuo opte por cooperar en un esfuerzo para que el otro compañero siga el ejemplo, a menos que haya nuevas evidencias de traición y desconfianza por parte del traidor.

7. **El compañero herido acepta las disculpas, y comienza a perdonar.** Para que este paso tenga lugar, el individuo herido necesita seguir viendo remordimiento genuino a través del cambio de comportamiento hacia la transparencia. El individuo herido elige comenzar a perdonar demostrando una voluntad continua de cooperación, incluso ante la incertidumbre y los posibles errores. Este paso puede tomar mucho tiempo para completarse, dada la profundidad de la herida.

Fase 2: Invertir los procesos de traición que han estado activos en la relación. Después de comenzar el proceso del perdón, esta segunda etapa de reconstruir la confianza consiste en identificar vulnerabilidades y abordar estas vulnerabilidades.

1. **Aprendizaje de habilidades de conflictos constructivos y auto-descubrimiento, lo opuesto a la evitación o escalación de conflictos.** Después de la desconfianza, prevalece la tendencia a evitar conflictos o ser fácilmente absorbidos por el conflicto. Es importante que las parejas aprendan a decir y expresar sus necesidades, incluso cuando es difícil hacerlo. Como se mencionó anteriormente, es importante ser capaz de expresar sentimientos y necesidades para que usted pueda dar a su pareja una mejor oportunidad para cumplir con ellos.

2. **Acordar al principio de satisfacer mutuamente las necesidades.** Este paso es importante ya que brinda una oportunidad para demostrar lealtad y la prioridad de la relación al comprometerse a intentar satisfacer las necesidades de su pareja.

3. **Acordar a dar ocasión para ofertas en momentos de puerta corrediza.** Gottman se refiere a las ofertas en momentos de puerta corrediza como una oportunidad de conectarse con su pareja cuando él o ella necesita su atención, en lugar de alejarse y erosionar la confianza con el tiempo. Se trata de momentos cotidianos en los que puedes elegir ignorar a tu pareja o esperar que él o ella proporcione amor, reconocimiento, risas compartidas, besos o abrazos, incluso un "te amo". Le animo a que preste atención a la frecuencia con que se aleja de su pareja cuando él o ella necesita su atención. Si usted nota que lo hace, haga un esfuerzo consciente para responder de una manera amorosa.

4. **La pareja crea un cambio de comportamiento duradero de aprecio a diferencia de la culpa.** El traidor expresa intenciones genuinas y firmes de cambiar su comportamiento y participar en patrones de pensamiento que promueven la fortaleza de la relación. El aprecio a su pareja necesita convertirse en una parte esencial de su relación.

5. **La pareja establece nuevas normas con el fin de "crear algo sagrado" en la relación.** Crear un nuevo conjunto de reglas para la relación requiere sacrificio personal. La creación de nuevas reglas simboliza la creación de una nueva relación. Parte de la consolidación de estas reglas es comunicar a los demás involucrados con su relación sobre las nuevas reglas.

Fase 3: Crear confianza íntima.

1. **Aprender habilidades para la conversación íntima.** Expresar emociones, preguntar, reiterar, explorar y ser empático son habilidades que conducen a conversaciones íntimas. Compartir metas y sueños son también conversaciones íntimas. Trate de tener conversaciones íntimas diarias en un esfuerzo por promover la confianza y la intimidad.

2. **Aumentar la dependencia mutua en la relación.** Esto significa involucrarse activamente en la inversión, el sacrificio y pensamiento a favor de la relación - que llevan al compromiso con su relación.

3. **Establecer un alto costo a traiciones posteriores.** Debe haber una comprensión de que la ruptura de la confianza de nuevo tendrá consecuencias graves para la relación. Esto no es una amenaza, sino el resultado de acciones y consecuencias, que pueden ser una fuerza motivadora para que el individuo se mantenga enfocado en su

elección de comprometerse con su relación.

4. **Crear entendimiento de preferencias sexuales y confianza íntima**. Este proceso comienza con el conocimiento de las preferencias personales de su pareja sobre el sexo, el amor y el romance, como parte de la construcción de una conexión emocional. Hable con su pareja acerca de sus preferencias, ya que la ignorancia a menudo conduce a suposiciones erróneas.

Recuerde que todo este trabajo será ignorado si las conductas de desconfianza continúan presentes en la relación. Más aún, estas fases y pasos pueden ser extremadamente difíciles de implementar y actuar, dada la intensidad emocional que viene con la traición para ambos individuos. Es muy recomendable buscar ayuda profesional para recuperarse de una traición, ya que la dificultad de la recuperación, la duración del proceso y la emotividad que viene con él son muy difíciles de abarcar para cualquier individuo.

LA INFIDELIDAD

Si ha experimentado infidelidad en su relación, ya sea de su parte o por parte de su pareja, puede beneficiarse de la lectura del resto de este capítulo. Si este no es el caso, le invitamos a saltar esta sección y continuar con el siguiente capítulo sobre la importancia de la amistad en una relación amorosa. La infidelidad es una causa importante de desconfianza y sentimientos de traición en muchas relaciones. Tal vez, sin ninguna sorpresa, la infidelidad sexual ha sido identificada como una de las principales causas del divorcio (Amato & Rogers 1997).

Al trabajar con parejas que luchan con los efectos secundarios de las infidelidades, he notado la abundancia de mitos sobre el amor y la infidelidad que existen por ahí. Me gustaría compartir los siguientes hechos que usted necesita saber acerca del amor y la infidelidad (Glass 2004) que pueden ayudarle a reflexionar sobre su perspectiva:

- La gente compara y confunde la intensidad de estar "enamorado" durante un romance con el sentimiento de seguridad y comodidad basado en el "amor" real que ocurre en las relaciones a largo plazo.

- El sentimiento de estar "enamorado" está ligado a la pasión y la infatuación.

- El verdadero amor, el que la gente desarrolla, se caracteriza por la aceptación, la comprensión y la compasión. Es por eso que tan pocas personas terminan casándose con el individuo con el que tuvieron un romance fuera de su relación, y aquellos que lo hacen tienen una probabilidad extremadamente alta de divorcio.

- Una vez que el romance ya no es esa relación prohibida que tiene lugar en una burbuja, la realidad del día a día pronto rompe las fantasías románticas.

- Un matrimonio feliz no es una vacuna contra la infidelidad.

- La persona que tiene un romance puede no estar dando lo suficiente en casa con su pareja, en lugar de la creencia de que no "obtiene" lo suficiente.

- Es normal sentirse atraído por otra persona, pero fantasear sobre lo que podría pasar al estar con esa persona es una señal de peligro.

- El coqueteo es cruzar la línea al otro lado, porque es una invitación que indica receptividad.

- La infidelidad no es acerca el amor o el sexo. Se trata de mantener límites apropiados con los demás y ser abierto y honesto en su relación.

- Usted no tiene que tener relaciones sexuales para ser infiel. Un beso apasionado o el sexo oral son una violación al compromiso que tiene con su pareja.

- Los romances emocionales se caracterizan por el secreto, la intimidad emocional y la química sexual. Un romance emocional puede ser más amenazante para una relación que los encuentros sexuales breves.

Es importante aclarar primero que en el caso de la traición debido a una infidelidad, ambos socios tienen que decidir reconstruir una nueva relación. En segundo lugar, la otra relación debe terminar para poder intentar reconstruir la confianza. Si la otra relación no ha terminado, será casi imposible que las parejas creen confianza. Una tercera persona distraerá al traidor de poner los esfuerzos necesarios en la reconstrucción de la relación, ya que la lealtad se puede dividir entre la pareja y una tercera persona.

Las cualidades que pueden ayudar a un individuo infiel a recuperar la confianza, minimizar el daño y avanzar hacia la reparación se han identificado (MacDonald 2010) como:

- Entender la equivocación de su comportamiento.

- Comprender la profundidad del dolor que ha causado.

- Resistencia para soportar todos los altibajos emocionales una vez que la verdad sale a la luz.

- Expectativas realistas sobre el tiempo que toma reconstruir la confianza, y las cicatrices que quedarán.

- Demostrar respeto por las elecciones del individuo traicionado sobre cómo proceder después de la traición.

Estas cualidades son más fáciles de decir que de hacer, dadas todas las emociones involucradas, así que ¿cómo se traducen estas en acción? Puede comenzar con los siguientes consejos útiles (MacDonald 2010):

- Diga la verdad, en lugar de esperar a ser descubierto. Este primer paso puede ayudarle a evitar más dudas de su pareja en el curso de la recuperación. Esto aumentará las posibilidades de que la relación sobreviva. He escuchado una y otra vez "lo único que siempre quise era que él/ella fuera honesto". Decir la verdad puede mostrarle a su pareja que está listo para comenzar a ser honesto, lo que en última instancia ayudará a comenzar a reconstruir la confianza.

- Si el romance sale a la luz a través de un descubrimiento en lugar de una revelación, muestre remordimiento instantáneo, y haga todo lo posible para evitar una actitud defensiva. La tristeza y el remordimiento instantáneos expresan humildad. Muchas veces las actitudes defensivas y las justificaciones se interponen en el camino del remordimiento. Frases útiles para demostrar humildad:

  - "Estaba equivocado".

  - "Lamento profundamente hacerte daño de esta manera".

  - "Si pudiera hacer las cosas otra vez, nunca me habría involucrado con _____".

- Voluntariamente interrumpa todo contacto con el tercer individuo, incluyendo llamadas telefónicas, mensajes de texto, correos electrónicos y cualquier presencia física. Negarse a romper el contacto con la otra persona será percibido por su pareja como si usted elige al individuo del romance sobre él/ella - no es algo que le ayudará a crear confianza. Dos ex pacientes míos, Heidi y Oliver, acudieron a la terapia después de que Oliver descubriera que Heidi estaba teniendo un romance extramarital. La negación de Heidi de romper el contacto con el otro individuo continuó erosionando la confianza que tanto ella como Oliver querían reconstruir. Al final, Oliver solicitó el divorcio.

- Permita que su pareja determine si, cómo y cuándo se permite un "cierre" final entre usted y su compañero de romance. Frases efectivas suelen incluir:

  - Una declaración de amor para su pareja.

  - Una admisión de que la relación fue un error.

  - Una firme insistencia en que la relación ha terminado.

  - Una solicitud para que el individuo no tenga más contacto con usted y/o otros miembros de la familia.

  - Incluir a su pareja en este proceso será percibido por esta como su voluntad de cooperar, de considerar sus sentimientos y de respetarlos.

- No más mentiras o información oculta. No más secretos. Las mentiras y secretos eventualmente salen a la luz, y continuarlos después de que el romance se ha descubierto sólo le hará más daño a su pareja (contrario a la creencia de muchos que ocultan información para proteger a la pareja de más sufrimiento). Tamara me dijo durante una de nuestras sesiones "Seguí dándole la oportunidad de ser honesto, pero la continuación de las mentiras sólo empeoró las cosas".

- Acepte plena responsabilidad de la decisión de tener

un romance. Explore las razones de su predisposición al romance buscando ayuda profesional. A pesar de los factores que hicieron su relación vulnerable para un romance extramatrimonial, usted tenía una opción, y optó por perseguir el romance, aunque haya sido un error, fue su elección. Nadie lo obligó. Además, asumir la responsabilidad es una forma de comunicación efectiva y puede conducir a la cercanía emocional durante el conflicto.

- Tenga paciencia con su pareja, él/ella está herido y necesita tiempo para recuperarse. Evite declaraciones como:

  - "¿Por qué no puedes superarlo?"

  - "¡Ya deberías haber superado esto!"

  - "¿Cuál es tu problema? ¡Yo dije que lo sentía!"

  - "¿No crees que estás exagerando?"

  - "Bueno, tú me _____".

  - "Eres amargado y vengativo".

  - "¡También me has herido!"

  - "¿Por qué no puedes simplemente perdonar y olvidar?"

  - Si la paciencia no es su fuerte, esto puede ser un reto, pero haga lo mejor posible ya que la paciencia comunica amor y cariño por su pareja.

- Procure comprender el dolor de su pareja. Si tiene dificultades para comprender los sentimientos de su pareja, trate de darle espacio para expresarse y afligirse en su presencia. Aquí es donde tendrá que aplicar la paciencia que se mencionó antes.

- Sea consciente del dolor de su pareja. Evite permitir que la lástima por sí misma lo distraiga. Esta es una situación en la que hablar con un profesional puede ayudarle a liberar sus sentimientos de culpa y pesar en un ambiente seguro, sin sabotear sus esfuerzos para reconstruir su relación.

- Aprenda a aumentar sus habilidades para mostrar empatía y ofrecer disculpas sinceras. Lea el capítulo 5 de este libro para ayudarle a demostrar empatía y validación hacia su pareja. Las siguientes son frases útiles de disculpas:

  - "Me siento terrible por lo mal que te he hecho sentir".

  - "No te culpo por sentirte así".

  - "Lo siento mucho por lo que te hice"."No lo merecías"..

  - "Lamento profundamente hacerte daño".

  - "Eso debe ser terrible".

  - "Estaba muy equivocado".

  - "Haré lo que sea necesario para mejorar las cosas".

  - "Te amo y prometo que jamás te traicionaré otra vez".

- Sea sensible a la desconfianza de su pareja y demuestre su voluntad de hacer lo que sea necesario para reconstruir la confianza. Es absolutamente normal que su pareja desconfíe de sus acciones o intenciones, y esperar que su pareja haga lo contrario es poco realista. Karen expresó su frustración por la dificultad de su marido para confiar en ella después de su aventura. La respuesta de su marido durante la sesión fue "¿cómo puedes esperar que confíe en ti? No tengo un interruptor de encender y apagar. "

- Respete las sensibilidades y los "desencadenantes" del romance en su pareja. Tenga en cuenta que cualquier cosa asociada con su romance será muy doloroso para su pareja. Permita que él/ella elija qué hacer con estos recordatorios. El comediante Chris Rock tiene una famosa rutina donde una mujer traicionada le dice a su esposo: "¿Giraste a la izquierda cuando estabas con esa p**ra? De ahora en adelante, no importa a donde vamos, en TODAS las vueltas haz derecha, ¿me oyes?" Por supuesto que Rock está exagerando, pero el punto es real, incluso acciones aparentemente inocentes pueden actuar como desencadenantes.

- Supongamos que su pareja está continuamente atormentada por el dolor, los recuerdos y los encuentros imaginarios entre usted y su compañero del romance. Sea proactivo chequeando el estado emocional de su pareja. Tenga en cuenta la anticipación y la presencia de estos incidentes, ya que mostrará su cuidado y el respeto por los sentimientos de su pareja. Norma tenía miedo de encontrarse con la ex-pareja de su marido en la fiesta de navidad de su compañía. Debido a que Félix, el marido de Norma, era consciente del miedo de Norma, pudo quedarse a su lado y demostrarle afecto físico, lo que ayudó a que Norma se sintiera más cómoda en la fiesta, pero más importante, amada y cuidada por Félix.

- Si usted tiene hijos (independientemente de su edad), reconozca el impacto y daño sobre ellos y trate de repararlo.

Después de leer esta lista, tendrá una idea de la complejidad de recuperarse de una infidelidad y traición en su relación. Una vez más, quisiera enfatizar la importancia de buscar ayuda profesional para su relación o al menos individualmente, dada la profundidad de las heridas emocionales que resultan de los romances extramatrimoniales.

Por último, también me gustaría compartir algunas estadísticas sobre infidelidades que pueden ayudarle a tener una mejor idea de la realidad de estas en nuestra cultura:

- El 40% de las mujeres y el 60% de los hombres tendrán un romance en algún momento u otro durante su relación (Vaughan 2003).

- Entre el 44-55% de las mujeres casadas y el 50-60% de los hombres casados practican sexo extramarital en algún momento u otro durante su relación (Atwood & Schwartz, 2002).

- 17% de los divorcios en los Estados Unidos son causados por la infidelidad. (www.menstuff.org)

- Alrededor del 3% de hombres exitosos encuestados eventualmente se casaron con sus compañeras de romance extramaritales (Halper, 1988).

- Alrededor del 11% de romances extramaritales llevan a una relación permanente entre el traidor y el compañero de romance (www.menstuff.org).

- 75% de los matrimonios que comienzan como romances extramatrimoniales fracasan, en parte debido a culpas y desconfianzas (Staheli, 1998).

- Los romances extramatrimoniales afectan a una de cada 2,7 parejas, según Janis Abrahms Spring, autor de *"After the Affair"*, según el artículo reportado por el *Washington Post* (Gerhardt, 1999).

- Evidencia apoya la existencia de una correlación entre la infidelidad en internet y sucesivas relaciones sexuales fuera de la relación (www.menstuff.org).

- El 10% de los romances extramatrimoniales duran un día (Lightfoot, 2013).

- 10% duran más de un día, pero menos de un mes (Lightfoot, 2013).

- 50% duran más de un mes pero menos de un año (Lightfoot, 2013).

- 40% dura 2 años o más. Pocos casos extramatrimoniales duran más de cuatro años (Lightfoot, 2013).

- La duración media de un romance es de 2 años (www.infidelityfacts.com).

- 31% de los matrimonios duran después de que un romance haya sido admitido o descubierto (www.infidelityfacts.com).

- El 24% de los maridos y esposas traicionados que sabían de la infidelidad de sus parejas sufren de ansiedad hasta el punto del pánico (Glass & Staeheli, 2004)

- 30% de los individuos traicionados sufren de depresión (Glass & Staeheli, 2004)

Capítulo 12
LA AMISTAD

Ser amigo de su pareja es un aspecto importante de su relación que conduce a una mayor confianza, consideración y lealtad. Por supuesto, la amistad puede cambiar con el tiempo y las situaciones dolorosas, pero es importante trabajar en mantenerla, ya que estudios científicos indican que la amistad afecta la forma en que las personas se comportan y se sienten cuando no están de acuerdo (Gottman 1999). Un estudio también sugiere que las parejas con una amistad fuerte tienen mucho más acceso a su humor, afecto y energía positiva, lo que hace posible tener desacuerdos o vivir con desacuerdos de una manera mucho más constructiva y creativa. La conclusión es que los componentes de amistad de una relación amorosa son fundamentales para acceder a emociones positivas durante los momentos de desacuerdo. Tres aspectos de la amistad han sido descritos entre las relaciones amorosas (Gottman 1999):

Construir mapas de amor. Gottman explica que el mapa de amor es el lugar en nuestra mente donde guardamos toda la información sobre la vida de nuestra pareja. Él describe esta habilidad como el nivel más básico de amistad. Se trata de sentirse conocido en la relación, como si su pareja está interesada en conocerlo, y viceversa. Piense en cuáles son las preocupaciones y las tensiones de su pareja en este momento. ¿Cuáles son las esperanzas y aspiraciones de su pareja? ¿Cuáles son algunos de sus sueños, valores y metas? ¿Usted sabe? Si la respuesta es sí, ya está trabajando en cultivar una amistad con su pareja. Por el contrario, si la respuesta es "No estoy seguro", o "No sé", puede beneficiarse de trabajar en este aspecto de su relación, ya que crea intimidad emocional y promueve la confianza. Es importante **hacer preguntas constantemente y recordar las respuestas a esas preguntas.** Las cosas cambian, así que **mantenerse al día con estos cambios** al hacer preguntas le ayudará a conocer continuamente acerca de la evolución individual de su pareja. Tenga en cuenta la necesidad de hacer preguntas abiertas (preguntas que dan la oportunidad de obtener respuestas con más de una palabra).

Compartir cariño y admiración es construir el afecto y el respeto en la relación. Gottman explica que hay dos partes que alimentan el cariño y la admiración. La primera es **crear un hábito mental de observar cosas para admirar acerca de su pareja, para estar orgulloso y apreciar.** Tenga en cuenta que este hábito de observar la admiración es lo contrario de un hábito crítico en el que usted puede estar observando los errores de su pareja, o lo que él o ella no está haciendo. La segunda parte, después de la observación, es que la apreciación o admiración necesita ser expresada verbal o no verbalmente para que su pareja sepa sobre ella (no puede permanecer oculta). El objetivo es señalar lo que su pareja está haciendo bien o correctamente en sus ojos, lo que lleva a un sentido de aprecio y respeto. Ejemplo: "Gracias por hacer eso. Realmente lo aprecio".

Acercarse (en lugar de alejarse). Este paso es acerca de la conexión emocional. Si está pasando tiempo con su pareja, usted puede estar compartiendo sus necesidades verbalmente o no verbalmente. Gottman llama a estas, "ofertas" para la conexión emocional. Las ofertas son las mismas que los lenguajes del amor discutidos en el Capítulo 9. Usted puede estar pidiendo atención, interés, conversación, humor, afecto, calidez, empatía, soporte, apoyo, etc. Gottman explica que estos pequeños momentos de conexión emocional forman una cuenta bancaria emocional que se construye con el tiempo.

Por ejemplo, si su pareja dice: "Quiero aprender a jugar al tenis". Usted podría responder "Siempre dices que quieres hacer las cosas, pero nunca lo haces", pero esto sería alejarse de una conexión emocional. Si en lugar de eso dijese "¡Eso podría ser divertido!" estaría mostrando algún reconocimiento y acercándose hacia la conexión emocional. Una respuesta aún más entusiástica acercándose hacia la conexión emocional sería "Serías un gran jugador en tenis, podríamos jugar juntos". Recuerde, el objetivo es construir una cuenta bancaria emocional con las demostraciones de amor y de afecto que le ayudarán más adelante, especialmente cuando tiene una discusión o un desacuerdo. El proceso fundamental de acercarse emocionalmente implica el aumento de su conciencia y atención plena sobre cómo su pareja pide lo que él/ella necesita de usted (lenguajes del amor), y poder ver el anhelo de su pareja detrás de lo que puede ser un poco negativo o confuso. El estudio de Gottman encontró que las parejas que se divorciaron 6 años después de su boda hacían intentos de acercamiento emocional el uno hacia el otro sólo el 33% del tiempo; comparado con los que seguían juntos después de 6 años que tenían intentos de acercamiento el 86% del tiempo. El estudio también demostró que el acercamiento emocional se relaciona con más afecto y humor durante conflictos.

RESPETO

Construir respeto mutuo es otro aspecto de la amistad con su pareja. He mencionado antes cómo el cariño y la admiración promueven el respeto, así que téngalo en cuenta mientras continúa leyendo. El respeto puede significar algo ligeramente diferente para individuos de diferentes culturas, e incluso dentro de su propia cultura, dado que los individuos tienen diferentes valores y creencias que influyen en su punto de vista acerca del respeto. Puede ser difícil para algunos respetar creencias o valores diferentes cuando no tienen sentido lógico. Sin embargo, usted puede aprender a respetar las creencias de otros incluso si no entiende o no está de acuerdo con los diferentes valores. Aprender a respetar las diferencias suele ser una herramienta útil que se puede utilizar durante los argumentos y desacuerdos con su pareja, ya que muchas veces los argumentos tienen lugar en relación con estas diferencias de opiniones (o una incapacidad para aceptar las diferencias).

Muchas veces veo a individuos en relaciones en las cuales constantemente se están faltando el respeto el uno al otro, insultándose, despreciándose, siendo condescendientes, ignorando peticiones, y así sucesivamente. Muchas veces con estas parejas que se faltan el respeto el uno al otro hay una necesidad por el respeto. El respeto tiene que ser dado para ser recibido. Si usted espera que su pareja lo respete, pero no está actuando de una manera respetuosa, puede que ese respeto nunca suceda. Aquí hay algunas maneras en las que puede mostrar respeto hacia su pareja (www.twofous.org):

Elija sus palabras cuidadosamente. Las palabras no pueden ser tomadas de regreso, por lo que tener cuidado y ser consciente de lo que sale de su boca es importante. Los insultos o las llamadas de nombre probablemente promoverán más agresión (vea el Capítulo 4 sobre la Comunicación) o miedo. Piense en el objetivo que desea lograr como resultado de la conversación, y trate de ser diplomático con su pareja. Probablemente ya está siendo diplomático y escogiendo cuidadosamente sus palabras en el trabajo, así que ¿por qué no puede intentar hacer lo mismo con su pareja?

Reconozca las contribuciones de su pareja. Al igual que el cariño y la admiración, señalar lo que su pareja está haciendo bien al reconocer sus actos positivos hacia la relación puede ayudar a disminuir posiciones defensivas, y conducir a respetuosas y constructivas interacciones entre usted y su pareja.

Honrar los límites de su pareja. Los límites definen comportamientos aceptables, son reglas no oficiales sobre lo que debe estar fuera de los límites (http://www.merriam-webster.com) en una relación. Comprender y respetar los límites de su pareja con respecto al espacio personal, el tiempo que pasan juntos o separados, y el contacto físico que él o ella necesita es propicio para demostrar respeto.

Estar dispuesto a comprometerse muestra respeto porque usted puede colocar sus propias prioridades o deseos a un lado para el mejoramiento de la relación; haciendo así una declaración de que su pareja y la relación son una prioridad para usted. El compromiso proporciona la flexibilidad necesaria a su relación. De lo contrario, cada desacuerdo sería un campo de batalla.

Mostrar consideración hacia las responsabilidades cotidianas de su pareja (como trabajar hasta tarde o hacer tareas domésticas) es otra manera de indicar respeto. Usted puede practicar mostrar la consideración al detallar y señalar los esfuerzos de su pareja para mantener la casa limpia, trabajar en el patio, trabajar para cubrir cuentas al fin de mes, etc.

Sea lo suficientemente fuerte como para admitir que está equivocado. Si usted está seguro de su autoestima, entonces pedir disculpas no tiene que ser una amenaza para usted.

Recuerde que todos cometemos errores en algún momento u otro, y nadie es perfecto. Pedir disculpas cuando está equivocado sólo aumentará el respeto mutuo y el amor que tienen el uno por el otro. Por otro lado, si se disculpa demasiado, puede ser un signo de baja autoestima e inseguridad. Si este último es el caso, usted puede trabajar en la mejora de su autoestima con el fin de tener una relación más equilibrada.

Proteja el bienestar de su pareja físicamente y emocionalmente de los demás, o incluso de usted mismo. Si usted lucha con el control de su genio, puede considerar la búsqueda de ayuda profesional para aprender formas más eficaces para hacer frente a los sentimientos de enojo intenso.

Si usted practica algunas de estas sugerencias, puede descubrir sorprendentemente que su pareja es capaz de actuar de la misma manera hacia usted; recuerde la Regla de Oro: tratar a los demás cómo quiere ser tratado. Si este no es el caso, y usted no se siente respetado por su pareja, quiero que se evalúe y tenga en cuenta las siguientes áreas:

¿Está estableciendo y defendiendo sus propios límites?

¿Está actuando con integridad?

¿Está cumpliendo su palabra?

¿Está mostrando respeto hacia su pareja?

¿Se siente digno de respeto?

¿Cree usted que está siendo abusado físicamente o emocionalmente?

Si la respuesta a cualquiera de estas preguntas es SÍ, hable con alguien con quien pueda confiar o considere buscar la ayuda de un profesional, especialmente si está siendo abusado.

MOMENTOS POSITIVOS (DIVERTIRSE)

Otro aspecto de la construcción de una amistad con su pareja es divertirse juntos, al igual que en el comienzo de su relación cuando se solían reír juntos, ir a lugares juntos, y compartir momentos especiales, todo lo cual ayudó a construir una base de experiencias positivas en su relación. Conforme pasan los años, los argumentos y los desacuerdos pueden llegar a prevalecer en su relación. Puede haber notado que usted y su pareja no están teniendo mucha diversión estos días, puesto que hay mucha tensión en sus interacciones. Quiero que sepa que no tiene que esperar hasta que las cosas mejoren en su relación para crear momentos positivos, ya que eso puede tomar un tiempo indeterminado. Le sugiero que empiece enseguida. Lo siguiente son algunas ideas que usted puede intentar para construir momentos positivos en su relación, a pesar de sus argumentos y desacuerdos.

NOCHE DE CITA

Programar tiempo para pasar con su pareja (sin hijos, familiares o amigos) puede ayudar a crear interacciones positivas entre ustedes dos. Estas citas no tienen que ser costosas. Puede ser algo simple como ver la puesta del sol juntos, hacer un picnic en el parque, dar un paseo con un hermoso paisaje, etc. Las citas no tienen que ser en la noche, puede ser por la mañana o por la tarde. Siempre y cuando usted haga espacio en su agenda ocupada, todo cuenta. El propósito de las citas es pasar tiempo juntos donde se puedan prestar atención el uno al otro. Puede considerar desactivar o silenciar los teléfonos celulares para evitar distracciones. Una cosa que no recomiendo en estas citas es ver la televisión en casa. Si están viendo televisión o una película, no se prestan atención el uno al otro.

TIEMPO DE APRECIACIÓN

Tómese un tiempo diariamente para que su pareja sepa lo mucho que aprecia de él/ella, algo sobre ellos, o lo que hacen. Mostrar aprecio no sólo reconoce las cualidades positivas o atributos de su pareja, sino que también mantiene esas cualidades y atributos frescos en su mente, y ayuda a evitar tomarlos por sentado. Por lo general sugiero programar cinco minutos de tiempo de agradecimiento diario, donde usted y su pareja pueden compartir lo que aprecian el uno sobre el otro. Si usted está reconociendo lo que su pareja está haciendo bien, hay una mayor probabilidad de que ocurra nuevamente.

VACACIONES

Tomar tiempo libre y lejos de la rutina y las responsabilidades puede tener un impacto definitivo en la construcción de recuerdos positivos. El tiempo de vacaciones no es sólo tomar un viaje caro fuera de la ciudad o en el extranjero, también puede tomar un día libre de responsabilidades para pasarlo con su pareja, donde se puede explorar un lugar turístico en su pueblo o ciudad, o un lugar cercano. Pueden estar compartiendo una nueva experiencia juntos ya sea a una milla de su hogar o a 1.000 millas de distancia. Al igual que las citas, las vacaciones no tienen que ser una experiencia cara o costosa. Sea creativo con su entorno. Hay un programa matutino aquí en Tampa, Florida llamado Viajes con Un Tanque de Gasolina, donde el anfitrión viaja una determinada distancia encontrando nuevos y emocionantes destinos usando sólo un tanque de gasolina. Por supuesto que usted no tiene que vivir en la Florida donde el clima facilita salidas, pero puedo garantizarle que dondequiera que usted viva, hay un montón de lugares que usted no ha visitado o explorado con su pareja.

Morgan y Robert tenían trabajos que requerían viajar un par de veces al mes. También tenían dos hijos y estaban enfocados en ser padres involucrados a pesar de sus viajes de trabajo. Eran muy buenos siendo padres y cubriéndose el uno al otro mientras estaban ausentes en viajes de negocios, pero su amistad había sufrido como resultado del tiempo limitado que pasaban juntos como pareja. Puede ser fácil quedarse atrapado en las rutinas y asumir responsabilidades día tras día. Morgan y Robert acudieron a la terapia porque su amistad se estaba muriendo y su entusiasmo y admiración del uno por el otro estaba muriendo con ella. Después de la aplicación de citas, un par de escapadas románticas, y tiempo de agradecimiento, su amistad comenzó a florecer una vez más debido al aumento de momentos positivos. Morgan lo describió como "Olvidé cuánto me gustabas. Echaba de menos nuestras charlas y tiempo juntos, tanto que estaba resintiendo que no me buscaras". Al centrarse en la reconstrucción de su amistad Morgan y Robert fueron capaces de mejorar otras áreas de su relación, como la comunicación y el sexo, que también había sufrido como resultado.

Espero que después de leer este capítulo, pueda identificar áreas de mejoramiento para promover una amistad profunda en su relación. Dado que esta amistad le servirá en tiempos de conflicto y desacuerdo, también creará lealtad y confianza del uno al otro. Su amistad le ayudará a equilibrar las interacciones negativas que usted y su pareja tienen con momentos positivos construidos en su banco de memoria. Recuerde, todas las parejas tienen dificultades y desacuerdos, pero si ustedes tienen una amistad fuerte, puede ser más fácil superar estos tiempos difíciles juntos.

Capítulo 13
FACTORES QUE IMPIDEN EL PROGRESO O EL ÉXITO

Todas las relaciones tienen que funcionar? A menudo me encuentro con esta pregunta de una forma u otra en mi trabajo con parejas. Como terapeuta de parejas, me gustaría poder ayudar a cada pareja que viene a mí pidiendo ayuda. La verdad es que no siempre es posible. Muchos factores pueden contribuir a la terminación de una relación. En este libro, he tratado de abordar muchos de los siguientes problemas desde una perspectiva diferente y proveer información, así como algunos consejos y herramientas para ayudarle a trabajar para mejorar su relación. Si después de leer este u otros libros sobre el tema, todavía se encuentra luchando para seguir las sugerencias dadas, le sugiero que considere la búsqueda de ayuda profesional que le pueda permitir avanzar en su relación. Aquí hay algunas razones comunes por las que las relaciones no funcionan:

1. No estar integrado totalmente en la relación.

2. Dificultad para confiar.

3. Incapacidad para perdonar al otro por los errores

cometidos en el pasado.

4. Abuso, ya sea físico o emocional/psicológico.

5. Expectativas poco realistas.

6. Falta de comunicación de las necesidades en la relación.

7. Falta de respeto mutuo.

8. Incapacidad para alcanzar compromisos debido a ideales, opiniones, o creencias opuestas.

9. Dificultad para dedicarle tiempo a la relación.

10. Creer que uno **necesita** una pareja en vez de querer estar con una pareja.

11. La existencia de una adicción o desorden mental sin tratamiento.

Es importante mencionar que cada una de estas áreas debe abordarse por separado. Si una pareja busca terapia en un esfuerzo por mejorar su relación y trabajar en una (o más) de estas áreas, probablemente tendrán mejores resultados para superarlas que si tratan de resolverlas por sí mismos. Muchas veces uno o ambos individuos pueden tener dificultades para lidiar con estos problemas y deciden terminar la relación. Examinemos cada uno de estos factores más de cerca.

NO ESTAR INTEGRADO TOTALMENTE EN LA RELACIÓN

Esta es una situación común en la que se genera mucha decepción para el individuo que si se integra en la relación. Muchas veces, este tipo de situación crea un sentido de injusticia para uno o ambos individuos, donde no hay equilibrio. Por lo general, una persona siente que él o ella está haciendo más por la otra persona. A menudo, esta situación llega debido a que una o ambas personas no están totalmente comprometidas con la relación.

Muchas de estas parejas no llegan a casarse, o si se casan jóvenes, luchan con objetivos de vida diferentes. Estar comprometido con su relación va a ser un elemento clave para que su relación dure, ya que se enfrentarán a caminos llenos de dificultades. Me he dado cuenta de que en mi trabajo, cuando las parejas han tomado una decisión por sí mismas y entre sí que harán lo que sea necesario para salvar su relación o matrimonio, crean un sentido de deber que les ayudará a superar las dificultades que se avecinan. Me gusta usar la frase común "para bien o para mal" que es parte de los votos que la gente toma cuando se casa. Muchos subestiman la parte "para mal" de los votos. Estas serán las partes desafiantes de su relación, los tiempos que los harán más fuertes o que los romperán. Hágase la pregunta: ¿Estoy totalmente comprometido en mi relación? ¿Creo que mi pareja es la correcta para mí? ¿Somos un buen partido el uno para el otro? Si la respuesta es no, tal vez usted puede explorar la raíz de su conclusión y evaluar el razonamiento detrás de ella. Su pareja probablemente ya sospecha que usted no está completamente comprometido.

DIFICULTAD PARA CONFIAR

Este es seguramente uno de los casos más difíciles de trabajar cuando se ayuda a una pareja. Por lo general, requiere un largo tratamiento de terapia. Ya sea que la confianza se haya roto años antes o recientemente, se trata del efecto impactante o traumático que tuvo sobre el individuo. Vuelva al Capítulo 11 a las razones comunes de que las personas pierdan la confianza en las relaciones. Muchas veces las personas no se dan cuenta de que la reconstrucción de la confianza es un trabajo para dos personas. Requiere que ambos individuos participen plenamente en el proceso. Cuando una persona en la relación rompe la confianza, la pareja herida puede no estar dispuesta a trabajar para ayudar a reconstruir la confianza. La respuesta que suelo oír en estos casos es "esto es culpa suya", y la siguiente declaración típicamente es algo como "¿por qué debo hacer algo al respecto?"

Después de explicar la necesidad de que el compañero herido participe en el proceso, él o ella puede decir "Lo haré SI es que él o ella me muestra primero". A pesar de que esta es una reacción común de autodefensa, se interpone en el camino del proceso porque crea un estado condicional que puede disminuir la motivación o aumentar la resistencia para el otro individuo. Es mi creencia que los intentos de crear confianza se hacen mejor con la ayuda de un profesional, dada la natural dificultad del proceso.

INCAPACIDAD DE PERDONAR AL OTRO POR LOS ERRORES REALIZADOS EN EL PASADO

Si leyó el capítulo 3 sobre el perdón, puede recordar que el perdón es un proceso, pero más aún una elección personal para sobrellevar el dolor. A veces puede haber tantos incidentes dolorosos en la historia de una relación que el perdón puede ser una búsqueda desafiante, ya que sus mecanismos innatos de defensa o su ego pueden hacer que sea difícil tomar el riesgo de ser herido de nuevo. Si usted o su pareja están teniendo dificultades para sobrellevar por el proceso de perdón, usted podría buscar terapia o consejería espiritual para recibir una ayuda adicional. De lo contrario, sería muy difícil para un individuo que puede estar tratando de reconstruir una relación de motivarse a sí mismo a seguir haciendo esfuerzos.

ABUSO (FÍSICO O EMOCIONAL/PSICOLÓGICO)

Si alguna vez se ha sentido maltratado en una relación, es posible que haya notado el miedo que viene con los pensamientos de terminar la relación, no importa cuán malas sean las cosas. Si usted está en una situación amenazante donde siente que su bienestar está en riesgo debido al abuso físico o emocional, la decisión más segura que puede tomar para usted y sus hijos (si tiene alguno) es retirarse de esa situación. Mi creencia personal es que la gente puede cambiar (es decir, el abusador), pero sólo si quieren cambiar. Sin embargo, incluso si realmente quieren cambiar toma una cantidad indeterminada de tiempo. No creo que usted ni nadie deba poner su propio bienestar en riesgo. Si su pareja es abusiva y él o ella quiere cambiar, a menos que estén tomando medidas serias y concretas para que esto suceda (cómo buscar ayuda profesional), usted no tiene que esperar a su lado. Busque ayuda para usted inmediatamente.

EXPECTATIVAS IRREALISTAS

Estas generalmente llevan a centrarse en lo negativo. Si leyó el Capítulo 6, puede tener una mejor idea de lo que son las expectativas y cómo pueden afectar su relación. Las expectativas poco realistas son un tema muy común para las parejas, especialmente si uno o ambos individuos no han tenido ejemplos positivos sobre las expectativas en sus vidas. Por lo general, las expectativas poco realistas se pueden reducir cuando se presenta la opinión de un individuo respetado (miembro de la familia, amigo, pastor u obispo, terapeuta). Sin embargo, puede tomar algún tiempo, o requerir continuas conversaciones sobre ello. Si usted o su pareja tienen expectativas poco realistas sobre usted, su pareja o su relación, puede ser útil hablar con alguien en quien pueda confiar. También hay que estar dispuesto a mejorar como individuo y como pareja. De lo contrario, no hay motivación para hacer las cosas de una forma diferente.

FALTA DE COMUNICACIÓN DE LAS NECESIDADES EN LA RELACIÓN

El capítulo 6 aborda la importancia de comunicar las necesidades. Sin embargo, puede haber dificultades subyacentes que podría encontrar en sus esfuerzos para comunicar estas necesidades. Muchas veces, cuando las personas tienen dificultades para pedir que sus necesidades se cumplan, puede estar relacionado con la baja autoestima y el valor propio, las creencias irracionales sobre sí mismo y los demás, una crianza en una casa con un padre que tenía una adicción o enfermedad mental, entre otras cosas. Encontrar la raíz de sus dificultades y aprender maneras de afirmar sus necesidades puede ser posible.

FALTA DE RESPETO MUTUO

En el capítulo 12 hemos tratado el respeto como parte de la amistad en una relación. Una falta de respeto o una situación en la que usted o su pareja no pueden demostrar respeto y están constantemente involucrados en comportamientos menospreciantes, comentarios condescendientes, desprecios y más, puede dificultar encontrar soluciones, compromisos, el perdón y la comunicación. Si usted no puede encontrar respeto por su pareja, su relación sufrirá y puede volverse vulnerable a las influencias negativas. Sin embargo, usted podría aprender a respetar a su pareja a pesar de sus diferencias y creencias. Hable con alguien de confianza, que le pueda ayudar a moverse a un lugar más constructivo y de respeto hacia su pareja.

INCAPACIDAD DE ALCANZAR COMPROMISOS DEBIDO A OPUESTOS IDEALES, OPINIONES O CREENCIAS

Esta es una dificultad muy común en las relaciones. Alcanzar compromisos puede ser un desafío debido a opiniones fuertes y creencias profundamente arraigadas. Sin embargo, sí puede respetar a su pareja y sus diferencias, puede ser más fácil lograr compromisos (véase el Capítulo 8). Aprender a ser empático y validar (ver Capítulo 5) los sentimientos y creencias de su pareja puede ayudarle a alcanzar compromisos.

DIFICULTAD PARA DEDICAR TIEMPO A LA RELACIÓN

Como se mencionó en el capítulo 12, la creación de recuerdos positivos en su relación es una parte importante de su vida juntos. Si ambos están teniendo dificultad dedicando tiempo a su relación, su conexión de amor puede sufrir, y es posible que no pueda crear los recuerdos positivos que mencioné antes. Más aún, puede enviar el mensaje de que su pareja no es tan importante como OTRAS cosas que están ocupando su tiempo. Si ambos tienen dificultad para dedicar tiempo a su relación debido a obligaciones y responsabilidades, la necesidad de encontrar algún equilibrio beneficiará la relación. Si ambos han intentado todo lo que está en su poder para dedicar más tiempo de pareja sin éxito, puede haber otros problemas subyacentes que afectan su capacidad de hacerlo.

CREER QUE UNO NECESITA UNA PAREJA EN LUGAR DE QUERER ESTAR CON UNA PAREJA

En el capítulo 2, cubrí los diferentes tipos de apegos relacionales y sus consecuencias en las relaciones. Los patrones de Apego Preocupado-Ansioso y Apego Temeroso-Evasivo tienden a luchar con la creencia de necesidad de un compañero versus querer una pareja. Ambos tipos de patrones de apego luchan con las inseguridades sobre el yo y la aceptación por otros. Esta creencia trae un montón de sentimientos negativos tanto para el individuo luchando con ellos como para la pareja recibiendo el impacto de ellos.

LA EXISTENCIA DE UNA ADICCIÓN O DESORDEN MENTAL SIN TRATAMIENTO

Esto aplica para uno o ambos individuos en la relación. Las adicciones y los desórdenes mentales vienen con síntomas y comportamientos que pueden hacer extremadamente difícil tener una relación. Esto puede ser igualmente difícil para ambos individuos en la relación, el que está luchando con los síntomas y el otro que podría ser afectado por ellos. Marchand y Hock (2000) explicaron que la angustia individual tiene un impacto negativo en la satisfacción de las relaciones independientemente del momento en que comenzaron los síntomas. También se ha determinado que cuando ambos cónyuges presentan trastornos de salud mental se encuentran entre los más difíciles de tratar en la psicoterapia (Whisman, 2001). Aquí está una lista de trastornos mentales comunes y cómo afectan las relaciones:

Los trastornos de ansiedad (trastorno de ansiedad general, agorafobia, fobias específicas, trastorno obsesivo-compulsivo o TOC, trastornos de pánico) pueden crear más conflictos entre parejas al aumentar la tensión y los argumentos, restringir las actividades y disminuir la atención prestada a las necesidades del individuo no ansioso. Desviando toda la atención para el individuo ansioso y sus estresores o temores. La ansiedad también trae muchos temores irracionales, como los celos, el miedo al compromiso y las expectativas poco realistas. TOC y trastornos de pánico se han asociado con disfunción sexual en mujeres (Minnen y Kampman, 2000), y dificultades sexuales significativas para los hombres (Letourneau, Schewe, & Frueh, 1997). La agorafobia se ha asociado con mayores críticas y a interacciones menos positivas para resolver problemas (Chambless et al., 2002).

La depresión y la angustia marital coexisten comúnmente (Whisman, 1999). Este trastorno de salud mental se ha asociado con comportamientos negativos: reducción de la capacidad para resolver problemas (Johnson & Jacob 1997), disminución del libido (Uebelacker y Whisman, 2005), atribuyendo el comportamiento negativo de la pareja a causas globales o influencias externas (Fincham y Bradbury 1993), luchas por el poder, mayor desigualdad, y angustia con la manera en la que los individuos toman decisiones en su relación (Whisman & Jacobson, 1989), así como individuos deprimidos que notan menos interacciones positivas y más negativas con sus parejas. Una persona deprimida puede causar que su pareja se sienta agobiada, ambivalente y silenciosamente resentida (Gupta & Beach, 2003), sentimientos que pueden o no ser notados.

El abuso de sustancias ha sido asociado con una comunicación menos positiva, más luchas por el control, evasión de la responsabilidad (negación) y abuso verbal (Fals-Stewart y Birchler 1998), así como problemas sexuales entre algunos hombres alcohólicos (O'Farrell 1990).

Sin duda, la existencia de trastornos de salud mental puede crear un cuadro más complejo en las dificultades de las relaciones, ya que los síntomas de los trastornos de salud mental pueden aumentar las interacciones negativas, conflictos y desacuerdos en las parejas. El tratamiento de los trastornos de salud mental es clave para el éxito de las relaciones, ya que los trastornos no tratados pueden dificultar que dos individuos se relacionen entre sí. Si usted o su pareja lucha con un trastorno de salud mental, ambos pueden considerar recibir tratamiento de un psiquiatra, un consejero de salud mental o un psicólogo. Puede buscar tratamiento usted mismo, o puede hablar con su médico primario acerca de sus síntomas y él o ella puede hacer una recomendación para el tratamiento posterior.

Sally y Albert eran dos profesionales exitosos que poseían conjuntamente un negocio. Habían estado casados durante diez años y tenían tres hijos juntos. Llegaron a terapia después de que falleció el padre de Sally. Poco después de esto Albert descubrió que Sally estaba teniendo una relación "platónica" con un miembro del personal del hospital a quien había conocido cuando su padre había estado bajo tratamiento el año anterior. Albert tenía dificultad para confiar y sufría de ansiedad. Sally no estaba completamente comprometida en la relación porque se negaba a poner fin a la relación platónica que tenía. Ella también tenía dificultad para comunicar sus necesidades en la relación, dejando a Albert adivinando. Durante la terapia se sugirió que Albert buscara un tratamiento individual para su ansiedad y que Sally buscara tratamiento individual para discutir la raíz de su negación a poner fin a esta relación platónica. La pareja de repente dejó de asistir a la terapia y todo quedó en el aire. Después de seis meses Sally expresó su interés en recibir terapia individual. Durante los seis meses que estuvo ausente, la pareja decidió separarse, y cada uno tenía su propia vivienda. Albert todavía no recibía tratamiento para su ansiedad, y Sally continuó negándose a poner fin a su relación platónica. Durante mi trabajo individual con Sally, ella recibió los papeles de divorcio. Sally se tomó un tiempo para darse cuenta de que sus acciones habían hecho difícil que Albert recuperara la confianza, y que su vacilación para terminar una relación platónica tuvo un costoso impacto en la relación con su pareja. Eventualmente, también terminó su relación platónica ya que esta no proporcionaba nada significativo, sino inseguridad y dudas de sí misma. Sally fue capaz de aceptar su nueva realidad, lo cual la ayudó a avanzar. Albert no recibió tratamiento por su ansiedad, lo cual muy probablemente continuará afectando sus relaciones futuras.

Todas las relaciones requieren trabajo, y sólo usted puede tomar la decisión de comprometerse a su relación. Incluso si usted se compromete, no hay garantías de que la persona con la que usted está en una relación es la persona indicada para usted, o esté igualmente comprometida. Si no está seguro si desea estar en esta relación, tómese un tiempo para pensar en su decisión. Trate de evitar tomar decisiones impulsivas sobre el futuro de su relación, de lo contrario puede ser percibido como indeciso y confundido por su pareja. Ponga en una balanza los buenos tiempos y los malos tiempos, todas las relaciones tienen dificultades y luchas, y no todo es perfecto. Como dice el dicho: A veces la hierba es más verde en el patio de su vecino, pero usted no es el que está cortando el pasto, y no sabe cuánto mantenimiento se necesita para que se vea tan bien.

Si los factores mencionados anteriormente se identifican y se trabajan, las relaciones pueden durar, llenándose de amor y alegría. Las parejas pueden tratar de resolver estas dificultades por su cuenta y tener éxito, y este libro abarca muchos conceptos, ideas y sugerencias para ayudarle a trabajar en estos problemas. Sin embargo, si intenta por su cuenta con la ayuda de este y otros libros sin éxito, tal vez es hora de considerar la ayuda profesional. Muchos de estos factores son difíciles de resolver incluso con ayuda profesional. La terapia puede ser un proceso difícil para muchos, y a veces las cosas pueden empeorar antes de mejorar. Requiere esfuerzo, compromiso, tiempo y dinero. Es importante considerar que la terapia no solo es un lugar donde los sentimientos salen a la superficie, sino también donde se pueden aprender nuevos comportamientos positivos, donde pueden hacerse compromisos y encontrar soluciones alternativas.

CONCLUSIÓN

Espero que la lectura de este libro pueda brindar un poco de luz en los problemas de su relación, pero lo más importante es que le haya dado algunas herramientas y técnicas para hacer algo con respecto a estos problemas. Nuestras relaciones pueden ser una fuente de estrés y sufrimiento si no están en constante trabajo. Con todos los factores de estrés externos de los que no tenemos control, podemos al menos ejercer alguna influencia sobre su propia relación y cambiarla para mejor.

ACERCA DEL AUTOR

Ana Aluisy tiene una licencia para ejercer como Terapista Matrimonial y Familiar, y Consejera de Salud Mental en Florida. Ella se especializa en trabajar con relaciones multiculturales, ayudando a individuos de distintos orígenes culturales a crear relaciones saludables llenas de confianza y comprensión. Ana fue Presidenta de la Asociación de Consejeros de Salud Mental de Suncoast y ha sido presentada como experta en la TV, radio, periódicos, revistas y blogs. Ana ha trabajado con parejas y familias durante más de diez años. Durante ese tiempo ella ha ayudado a cientos de individuos y parejas a mejorar sus relaciones.

Ana también es una veterana de los Marine Corps, terminó sus estudios universitarios en Psicología, mientras que completaba su servicio militar activo y más tarde obtuvo una Maestría en Rehabilitación y Consejería de Salud Mental con una especialización en terapia marital y familiar.

Ana vive en Tampa Florida con su esposo e hijos. Ella es apasionada en aprender y ayudar a las personas a prosperar en sus relaciones. Puedes seguirla en las redes sociales @AnaAluisy.

REFERENCIAS

2008 Physical Activity Guidelines for Americans. (2008). Retrieved July 13, 2014, from http://www.health.gov/paguidelines

Allemand, M., Amberg, I., Zimprich, D., & Fincham, F. (2007). The Role of Trait Forgiveness and Relationship Satisfaction in Episodic Forgiveness.*Journal of Social and Clinical Psychology, 26*(2), 199-217. Retrieved December 3, 2014.

Amato, P. R., & Rogers, S. J. (1997). A longitudinal study of marital problems and subsequent divorce. *Journal of Marriage and the Family, 59*, 612–624. Retrieved September 12, 14.

American Psychological Association. *Forgiveness: A Sampling of Research Results.* (2006). Retrieved July 2, 2014 http://www.apa.org/international/resources/forgiveness.pdf

Atwood, J.D., & Schwartz, L. (2002). Cybersex: The new affair treatment consideration. *Journal of Couple and Relationship Therapy, 1*(3), 37-56.

Bargh, J. (1990). Auto-motives: Pre-conscious determinants of thoughts and behavior. In E. Higgins & R. Sorrentino (Eds.), *Handbook of motivation and cognition: Foundations of social behavior.* (Vol. 2, pp. 93-130). New York: Guilford Press.

Beck, A. (1989). Reinforcing the Foundations. In *Love is never enough: How couples can overcome misunderstandings, resolve conflicts, and solve relationship problems through cognitive therapy.* New York: Perennial Library.

Beck, A. (2005). The Current State Of Cognitive Therapy: A 40-Year Retrospective. *Archives of General Psychiatry, 62,* 953-959.

Boundary. (n.d.). Retrieved October 1, 2014, from http://www.merriam-webster.com/dictionary/boundary

Bowlby, J. (1958) The nature of the Child's tie to his mother. *International Journal of Psychoanalysis, 39,* 350-373.

Bowlby, J, (1969) *Attachment and loss: Vol. I: Attachment.* New York: Basic Books.

Bowlby, J, (1973) *Attachment and loss: Vol. Ii: Separation, anxiety, and anger.* New York: Basic Books.

Bowlby, J, (1980) *Attachment and loss: Vol. III: Loss, sadness and depression.* London: Hogarth.

Bradford, K. (2012). Assessing Readiness For Couple Therapy: The Stages Of Relationship Change Questionnaire. *Journal of Marital and Family Therapy, 38,* 486-501. Retrieved October 12, 2014, from Pub Med.

Brehm, J. (1999). The Intensity of Emotion. *Personality and Social Psychology Review,* (3), 2-22. Retrieved December 22, 2014.

Buss, D., & Shackelford, T. (1997). From Vigilance To Violence: Mate Retention Tactics In Married Couples. *Journal of Personality and Social Psychology, 72*(2), 346-361. Retrieved November 24, 2014.

Call, V., Sprecher, S., & Schwartz, P., (1995). The incidence and frequency of marital sex in a national sample. *Journal of Marriage and the Family, 57,* 639-652.

Cannon, W. (1967). *The wisdom of the body* ([Rev. and enl. ed.). New York: Norton.

Chambless, D., Fauerbach, J., Floyd, F., Wilson, K., Remen, A., & Renneberg, B. (2002). Marital interaction of agoraphobic women: A controlled, behavioral observation study. *Journal of Abnormal Psychology, 111*, 502-512.

Chapman, G., & Chapman, G. (2007). *The heart of the five love languages*. Chicago: Northfield Publ.

Chapman, G. (2010). *The 5 love languages: The secret to love that lasts*. Chicago: Northfield Pub.

Christopher, F., & Sprecher, S. (2000). Sexuality In Marriage, Dating, And Other Relationships: A Decade Review. *Journal of Marriage and Family, 62*, 999-1017. Retrieved November 25, 2014.

Contempt. (n.d.). Retrieved July 17, 2014, from www.merriam-webster.com/dictionary/contempt

Cooper, M., Barber, L., Zhaoyang, R., & Talley, A. (2011). Motivational pursuits in the context of human sexual relationships. *Journal of Personality, 79*, 1031-1066.

Davidson, J., Darling, C., & Norton, L. (1995). Religiosity and the sexuality of women: Sexual behavior and sexual satisfaction revisited. *Journal of Sex Research, 32*, 235-243. Retrieved November 25, 2014.

De Judicibus, M., & Mccabe, M. (2002). Psychological factors and the sexuality of pregnant and postpartum women. *Journal of Sex Research, 39*, 94-103. Retrieved November 25, 2014.

Donnelly, D. (1993). Sexually inactive marriages. *Journal of Sex Research, 30*, 171-179. Retrieved November 25, 2014.

Donnelly, D., & Burgess, E. (2008). The Decision to Remain in an Involuntarily Celibate Relationship. *Journal of Marriage and Family, 70*(2), 519-535.

Donnelly, D., Burgess, E., Anderson, S., Davis, R., & Dillard, J. (2001). Involuntary celibacy: A life course analysis. *Journal of Sex Research, 38*(2), 159-169. Retrieved November 24, 2014.

Edwards, J., & Booth, A. (1994). Sexuality, marriage, and well-being: The middle years. In A. Rossi (Ed.), *Sexuality across the life course*. Chicago: University of Chicago Press.

Ekman P. (1984). Expression and the nature to emotions. Retrieved August 14, 2014 http://www.paulekman.com/wp-content/uploads/2013/07/Expression-And-The-Nature-Of-Emotion.pdf

Fals-Stewart, W., & Birchler, G. (1998). Marital interactions of drug-abusing patients and their partners: Comparisons with distressed couples and relationship to drug-using behavior. *Psychology of Addictive Behaviors, 12*, 28-38.

Fincham, F., Beach, S., & Davila, J. (2004). Forgiveness And Conflict Resolution In Marriage.*Journal of Family Psychology,* 72-81. Retrieved June 2, 2014.

Fincham, F., & Bradbury, T. (1993). Marital Satisfaction, Depression, And Attributions: A Longitudinal Analysis. *Journal of Personality and Social Psychology, 64*, 442-452.

Fisher, H. (1998). Lust, Attraction, And Attachment In Mammalian Reproduction. *Human Nature, 9*(1), 23-52.

Fisher, H. (2005). Web of Love: Lust, Romance and Attachment. In *Why we love: The nature and chemistry of romantic love*. New York: Henry Holt and.

Fisher, H. (2006). The Drive to Love: The Neural Mechanism for Mate Selection. In R. Sternberg & K. Sternberg (Eds.), *The new psychology of love* (pp. 87-110). New Haven, CT: Yale University Press.

Fisher, H. (2010, January 1). Real Aphrodisiacs to Boost Desire. *O, The Oprah Magazine*.

Fotopoulou, A., & Fisher, H. (2012). Generalized brain arousal mechanisms and other biological, environmental, and psychological mechanisms that contribute to libido. In*From the couch to the lab: Trends in psychodynamic neuroscience* (pp. 67-84). Oxford: Oxford University Press.

Fraley, R. (2010, January 1). A Brief Overview of Adult Attachment Theory and Research | R. Chris Fraley. Retrieved September 9, 2014, from http://internal.psychology.illinois.edu/~rcfraley/attachment.htm

Fruzzetti, A.E., and K.M. Iverson. 2004. Mindfulness, acceptance, validation and "individual" psychopathology in couples. In *Mindfulness and Acceptance: Expanding the Cognitive-Behavioral Traditions*, ed. S. C. Hayes, V. M. Follette, and M. M. Linehan, 168-191. New York: Guilford Press.

Fruzzetti, A.E. 2006. *The High Conflict Couple: A dialectical behavior therapy guide to finding peace, intimacy & validation.* 93-140. New York: Guilford Press.

Gagnon, J. (1990). The Explicit and Implicit Use of the Scripting Perspective in Sex Research. *Annual Review of Sex Research, 1*(5). Retrieved November 24, 2014.

Gerhardt, P. (1999, March 30). The Emotional Cost of Infidelity; Family therapists examine the psychological roots of extramarital affairs. *The Washington Post*. Retrieved September 30, 2014, from http://www.washingtonpost.com/wp-srv/national/health/march99/infid033099.htm

Glass, S., & Staeheli, J. (2004). *Not "just friends": Rebuilding trust and recovering your sanity after infidelity*. New York: Free Press.

Goleman, D. (2005). *Emotional intelligence: Why it can matter more than IQ*. New York: Bantam Books.

Gottman, J., & Silver, N. (1999). How I Predict Divorce. In *The seven principles for making marriage work: A practical guide from the country's foremost relationship expert*. New York, NY: Three Rivers Press.

Gupta, M., & Beach, S. (2003). Depression. In D. Snyder & M. Whisman (Eds.), *Treating difficult couples: Helping clients with coexisting mental and relationship disorders* (pp. 88-113). New York: Guilford Press.

Halper, J. (1988). *Quiet desperation: The truth about successful men.* New York, NY: Warner Books.

Hassebrauk, M., & Fehr, B. (2002). Dimensions of relationship quality. *Personal Relationships*, 9, 253-270. Retrieved October 12, 2014, from http://onlinelibrary.wiley.com/ store/10.1111/1475-6811.00017/asset/1475-6811.00017.pdf?v=1&t=i-194fa3x&s=a0b91328185af6d327c7d8a66aa42bba41ff75e5&systemMe ssage=Wiley+Online+Library+will+be+disrupted+on+the+18th+Oc-tober+from+10%3A00+BST+%2805%3A00+EDT%29+for+essen-tial+maintenance+for+approximately+two+hours+as+we+make+up-grades+to+improve+our+services+to+you

Hazan, C., & Shaver, P. (1987). Romantic love conceptualized as an attachment process.*Journal of Personality and Social Psychology*, 511-524. Retrieved July 9, 2014 http://www2.psych.ubc. ca/~schaller/Psyc591Readings/HazanShaver1987.pdf.

Hazan, C., & Shaver, P. (1990). Love and work: An attachment theoretical perspective.*Journal of Personality and Social Psychology*, 270-280.

Hazan, C., & Shaver, P. (1990). Attachment as an organisational framework for research on close relationships. *Psychological Inquiry*, 1-22.

Hibbs, B., & Getzen, K. (2009). *Try to see it my way: Being fair in love and marriage*. New York: Avery.

Impett, E., Peplau, L., & Gable, S., (2005) Approach and avoidance sexual motivation: Implications for personal and interpersonal well-being. *Personal Relationships, 12*, 465-482.

Johnson, S., & Jacob, T. (1997). Marital interactions of depressed men and women. *Journal of Consulting and Clinical Psychology, 65*, 15-23.

Jongsma, A. (2007). *Adult psychotherapy homework planner* (Second ed.).

Kahr, B. (2008). *Sex and the psyche: The truth about our most secret fantasies*. London: Penguin.

LaCoursiere, J. (2008). *Stages of Relationship Change and Individual and Couple Adjustment*. Unpublished master's thesis, University of Kentucky, Kentucky. Retrieved October 11, 2014, from http:// uknowledge.uky.edu/gradschool_theses/521

LaRossa, R., and Reitzes, D., (1993). Symbolic Interactionism and Family Studies. In *Sourcebook of Family Theories and Methods: A Contextual Approach,* ed. P. Boss, W. Doherty, R. LaRossa, W. Schumm, and S. Steinmetz. New York: Plenum.

Lawler, K., Younger, J., Piferi, R., Jobe, R., Edmondson, K., & Jones, W. (2005). The Unique Effects Of Forgiveness On Health: An Exploration Of Pathways. *Journal of Behavioral Medicine, 28*(2), 157-167. Retrieved December 3, 2014.

Levenson, R., & Gottman, J. (1985). Physiological and affective predictors of change in relationship satisfaction. *Journal of Personality and Social Psychology, 49*, 85-94.

Lightfoot, C. (2013, March 19). A Collection of Affair Statistics. Retrieved September 30, 2014, from http://www.move-beyond-the-affair.com/blog/2013/03/19/a-collection-of-affair-statistics

Linehan, M. (1993). Emotion Regulation Skills. In *Skills training manual for treating borderline personality disorder*. New York: Guilford Press.

Linehan, M. (1993). Interpersonal Effectiveness Skills. In *Skills training manual for treating borderline personality disorder*. New York: Guilford Press.

MacDonald, L. (2010). *How to help your spouse heal from your affair: A compact manual for the unfaithful*. Gig Harbor, WA: Healing Counsel Press.

Marchand, J., & Hock, E. (2000). Avoidance And Attacking Conflict-Resolution Strategies Among Married Couples: Relations To Depressive Symptoms And Marital Satisfaction. *Family Relations, 49*, 201-206.

Maslow, A., & Frager, R. (1987). *Motivation and personality* (3rd ed.). New York: Harper and Row.

Miller, R., Yorgason, J., Sandberg, J., & White, M. (2003). Problems That Couples Bring To Therapy: A View Across the Family Life Cycle*. *The American Journal of Family Therapy, 31*, 395-407.

Muise, A., Impett, E., & Desmarais, S. (2013). Getting It On Versus Getting It Over With: Sexual Motivation, Desire, and Satisfaction in Intimate Bonds. *Personality and Social Psychology Bulletin, 39,* 1320-1332. Retrieved November 24, 2014.

Nezu, A., & Carnevale, G. (1987). Interpersonal problem solving and coping reactions of Vietnam veterans with posttraumatic stress disorder. *Journal of Abnormal Psychology, 96,* 155-157.

O'Farrell, T. (1990). Sexual functioning of male alcoholics. In Collins R., Leonard, K., & Searles J., (Eds.), *Alcohol and the family: Research and clinical perspectives* (pp. 244-271). New York: Guilford Press.

O'Leary, C. (1999). Themes in Family Therapy. In *Counselling Couples and Families a Person-Centred Approach.* London: SAGE Publications.

Ortigue, S., Bianchi-Demicheli, F., Patel, N., Frum, C., & Lewis, J. (2010). Neuroimaging Of Love: FMRI Meta-Analysis Evidence Toward New Perspectives In Sexual Medicine. *The Journal of Sexual Medicine, 7*(11), 3541-3552. Retrieved December 14, 2014.

Perel, E. (2006). *Mating in captivity: Reconciling the erotic and the domestic.* New York: HarperCollins.

Prochaska, J., & Diclemente, C. (1983). Stages and processes of self-change of smoking: Toward an integrative model of change. *Journal of Consulting and Clinical Psychology, 51,* 390-395. Retrieved October 12, 2014, from http://www.uri.edu/research/ cprc/Publications/PDFs/ByTitle/Stages and Processes of self change.pdf

Prochaska, J., DiClemente, C., & Norcross, J. (1992). In Search Of How People Change: Applications To Addictive Behaviors. *American Psychologist, 47,* 1102-1114.

Prochaska, J., & Velicer, W. (1997). The Transtheoretical Model of Health Behavior Change.*American Journal of Health Promotion,* 38-48. Retrieved August 6, 2014 from http://www. uri.edu/research/cprc/Publications/PDFs/ByTitle/The%20 Transtheoretical%20model%20of%20Health%20behavior%20 change.pdf.

Schmitt, G., & Neubeck, G. (1985). Diabetes, Sexuality, and Family Functioning. *Family Relations, 34,* 109-109. Retrieved November 25, 2014.

Schneider, W. (2003). *Transtheoretical model of change with couples.* Doctoral
dissertation, Texas A&M University, Texas. Retrieved October 11, 2014

Sprecher, S. (2001). Equity And Social Exchange In Dating Couples: Associations With Satisfaction, Commitment, And Stability. *Journal of Marriage and Family, 63*, 599-613.

Sprecher, S. (2002). Sexual satisfaction in premarital relationships: Associations with satisfaction, love, commitment, and stability. *Journal of Sex Research, 39*(3), 190-196.

Staheli, L. (1998). *"Affair-proof" your marriage: Understanding, preventing and surviving an affair.* New York: Cliff Street Books.

Storaasli, R., & Markman, H. (1990). Relationship problems in the early stages of marriage: A longitudinal investigation. *Journal of Family Psychology, 4*, 80-98.

Trust. (n.d.). Retrieved September 9, 2014, from http://www.merriam-webster.com/dictionary/trust

Uebelacker, L., & Whisman, M. (2005). Relationship Beliefs, Attributions, and Partner Behaviors Among Depressed Married Women. *Cognitive Therapy and Research, 29*, 143-154.

Vaughan, P. (2003). *The monogamy myth: A new understanding of affairs and how to survive them.* New York: Newmarket Press.

Waite, L., Browning, D., Doherty, W., Gallagher, M., Luo, Y., & Stanley S. (2002). *Does Divorce Make People Happy? Findings from a Study of Unhappy Marriages*, New York: Institute of American Values.

What Respect Really Means in a Relationship. (n.d.). Retrieved October 1, 2014, from http://www.twoofus.org/educational-content/articles/what-respect-really-means-in-a-relationship/index.aspx

Whisman, M., & Jacobson, N. (1989). Depression, Marital Satisfaction, And Marital And Personality Measures Of Sex Roles. *Journal of Marital and Family Therapy, 15*(2), 177-186.

Whisman, M., Dixon, A., & Johnson, B. (1997). Therapists' perspectives of couple problems and treatment issues in couple therapy. *Journal of Family Psychology, 11*, 361-366.

Whisman, M. (1999). Marital Dissatisfaction And Psychiatric Disorders: Results From The National Comorbidity Survey. *Journal of Abnormal Psychology, 108*, 701-706.

Whisman, M. (2001). Marital adjustment and outcome following treatments for depression. *Journal of Consulting and Clinical Psychology, 69*, 125-129.

Wieselquist, J., Rusbult, C., Foster, C., & Agnew, C. (1999). Commitment, pro-relationship behavior, and trust in close relationships. *Journal of Personality and Social Psychology, 77*(5), 942-966. Retrieved December 9, 2014.

Worthington, E. (2005). *Handbook of forgiveness*. New York: Routledge.

Worthington, E., Witvliet, C., Pietrini, P., & Miller, A. (2007). Forgiveness, Health, And Well-Being: A Review Of Evidence For Emotional Versus Decisional Forgiveness, Dispositional Forgivingness, And Reduced Unforgiveness. *Journal of Behavioral Medicine, 30*(4), 291-302. Retrieved December 3, 2014.

Wright, E., Wright, D., Perry, B., & Foote-Ardah, C. (2007). Stigma And The Sexual Isolation Of People With Serious Mental Illness. *Social Problems, 54*, 78-98. Retrieved November 25, 2014.

www.menstuff.org/issues/byissue/infidelitystats.html

www.infidelityfacts.com/infidelity-statistics.html

Zeigarnik, B. (1927). Uber das Behalten yon erledigten und underledigten Handlungen. Psychologische Forschung, 9, 1-85.

Zlotnick, C., Kohn, R., Keitner, G., & Grotta, S. (2000). The relationship between quality of interpersonal relationships and major depressive disorder: Findings from the National Comorbidity Survey. *Journal of Affective Disorders, 59*, 205-215.

www.ingramcontent.com/pod-product-compliance
Lightning Source LLC
Chambersburg PA
CBHW032101040426
42336CB00040B/766